Kreuzstich
für das ganze
Haus

ABCDE
FGHIJ
KLMN
OPQRS
TUVW
XYZ
A
M
NR

Melinda Coss

Kreuzstich für das ganze Haus

aus dem Englischen von Eva-Maria Müller

rosenheimer

Für David und Nest Rubio,
denen ich von Herzen zugetan bin

Titel der englischen Originalausgabe:
The Cross Stitch House

Übersetzung: Eva-Maria Müller, Augsburg
Redaktion: Carol & Frank Gilges, Arts & Ad, München
Musterzeichnungen und Skizzen: Steve Dew und Delia Elliman
Fotos: Di Lewis
Detailfotos: J.A. Ducker
Satz: Arts & Ad, München
Lithographie: Scantrans Pte Ltd., Singapur
Druck und Bindung: Dai Nippon, Hongkong

ISBN 3-475-52834-7

Inhalt

EINFÜHRUNG

Unsere Auswahl bei der Dekoration eines Zuhauses wird von vielen Faktoren beeinflußt. Persönlicher Geschmack, Geschlecht, Charakter des Gebäudes, Größe und Alter der Familie, Praktikabilität, Kosten, Mode und nicht zuletzt Anzahl und Stil der Möbel, die in die neue Umgebung integriert werden, spielen eine Rolle.

Angesichts von neun Umzügen, bei denen sich all diese Überlegungen aufzwangen, war ich beim letzten Mal ernstlich versucht, sämtliche Räume meines neuen Hauses undekoriert und unmöbliert zu belassen – als Ausdruck meiner persönlichen Mobilität. Und so wäre es auch passiert, hätte ich es fertiggebracht, mich von Schätzen wie Vorkriegsausgaben der *Vogue*, rostenden Milchkannen, High-Tech-Gemüseschneidern oder den alten Schulzeichnungen meiner Kinder zu trennen. Außerdem waren da noch 45 Stofftiere, alle mit eigenen Namen und Geschichten, und jene antike Waage, die über die Jahre hinweg geradezu ein Teil von mir geworden zu sein scheint.

Dann sind da aber auch all die herrlichen Zeitschriften, die mir erzählen, wie lohnend Handarbeit ist, und daß ich als Heimwerkerin der 90er Jahre zu lernen habe, wie ich meinen extrem teuer und fein verputzten Wänden „zusetze", wie meine Vorhänge (welche Vorhänge?) zu drapieren sind und wie aus meiner Milchkanne ein Kunstwerk wird. Auch meinen strahlend schönen Kupferrohren sollte ich allmählich einen Grünspan-Look verpassen, damit sie aussehen, als würden sie lecken. Obwohl es aber höchst erstrebenswert ist, einen Original-Küchenherd zu besitzen, sollte ich Kohle und Holz endlich vergessen und auf Öl oder Gas umstellen...

Meine Reaktion auf solch unterschiedliche Botschaften ist der Kompromiß. Mir ist wichtig, daß mein Zuhause Individualität und Stil besitzt, aber ich bin nicht bereit, einwandfreie Wände zu zerstören, um dieses Ziel zu erreichen. Wenn sich das Holz schon in den Ecken wirft, soll es mir recht sein – so entspricht es von selbst dem Modegeschmack der 90er. Meine Interessen liegen anderswo (und hoffentlich auch die Ihren, sonst würden Sie dieses Buch nicht lesen): Sie liegen in Nadel und

Faden, und mit diesen möchte ich jene wertvollen Nostalgie-Objekte, die so sehr ein Teil meiner selbst geworden sind, dekorieren, akzentuieren, interpretieren und genießen.

Wenn Sie Ihr Zuhause neu gestalten, wird dieses Buch den Grundstein für Ihre eigene Kollektion von Kreuzstich-Kostbarkeiten legen. Wenn, wie bei mir, Ihre alten Schätze mitumziehen, wird es irgendwann wichtig, das neu zu gruppieren, was Gefahr läuft, alter Plunder zu werden. Diese Dinge sollten durch Ihre Kreuzstickereien so gestaltet werden, daß ein Thema für einen bestimmten Raum erkennbar wird und Ihre persönliche Handschrift deutlich hervortritt. Es gibt wirklich keinen Grund, warum ein ganzes Haus in einheitlichem Stil ausgestattet sein sollte, sei es klassisch oder modern.

Ein Zuhause sollte vom Wesen der Menschen erzählen, die in ihm leben, und vorausgesetzt, Sie stimmen die Farben sorgsam ab, gibt es keinen Grund, warum klassische und moderne Dekorationselemente nicht harmonisch zusammengebracht werden könnten. Wenn Sie sich zwischen Krimskrams wohlfühlen, aber einen superordentlichen Partner haben, schaffen Sie eben Platz für beides: Ein gemütliches, vollgestopftes Schlafzimmer und ein Wohnzimmer in japanischem Stil könnten eine Lösung für dieses Problem sein.

Nutzen Sie, wenn Sie Kinder haben, Nadel und Faden, um für sie eine Umgebung zu schaffen, die nicht nur individuell und anregend ist, sondern ihnen auch – dafür garantiere ich – als Erwachsenen stets in Erinnerung bleiben wird.

Als Kreuzstich-Anfänger wird Ihnen dieses Buch hoffentlich eine lohnende und entspannende Handarbeit erschließen, die einfach zu erlernen ist. Das Kapitel zur Technik beschreibt auf lockere Weise den Einstieg, und die Muster sind so angelegt, daß sie interessante neue Ideen wecken; dabei können Sie fast nach jedem der enthaltenen Zählmuster arbeiten.

Fühlen Sie sich nicht durch meine Farbwahl eingeengt – Sie sollten die Farben wählen, die in Ihr Umfeld passen. Im Zeitalter des Recyclings sollten Sie getrost dies und das einfach wiederverwenden und ihm mit etwas Phantasie zu neuem Leben verhelfen. Geben Sie, wenn Sie Ihr Zuhause in schmälerem finanziellen Rahmen ausstatten, kein Geld für ausgefallene Bettwäsche aus, sondern kaufen Sie einfarbige Wäsche, die in der Regel erheblich billiger ist, und verzieren Sie diese dann mit Kreuzstich.

Auch wenn meine früheren Bemerkungen vermuten lassen, daß mich Anstriche, die den Schein des Alten vermitteln, schmunzeln lassen, so bin ich doch sehr für Schablonen- und Freihand-Malerei. Beide können einem Raum einen enorm starken Charakter verleihen. Schablonenmotive können Sie in Zählmuster für Kreuzstich übertragen, und umgekehrt. Legen Sie also die Ihnen zur Verfügung stehenden Entwürfe so weit wie eben möglich für Ihre Zwecke aus. Wenn ein Motiv für einen Wandteppich gedacht ist, bedeutet dies nicht, daß es nicht auch anderweitig Verwendung finden kann, und wahrscheinlich sieht es als Kreuzstich ebenfalls bezaubernd aus. Experimentieren Sie ruhig!

Länger möchte ich Sie nun nicht aufhalten, denn ich will ja, daß Sie beginnen. Nur noch eine kleine Warnung: Kreuzstich macht süchtig, und es kann so weit kommen, daß Sie in ein größeres Haus umziehen müssen...

MELINDA COSS

Seite 7: *Frühlingsblumenherz und Kleines Spitzenherz.*
Seite 8: *Delfter Serviette und Delfter Tischdecke.*
Links: *Japanischer Lampenschirm; Japanischer Briefbeschwerer; Japanisches Lesezeichen mit Sonnenaufgang; Japanisches Adreßbuch; Spielkarten-Brillenetui; Bridge-Schreibblock.*
Oben: *Amor auf Papier-Stickgrund.*

Küchen

DIE DELFTER KÜCHE

Porzellan und Steingut in blauweiß erfreuen sich seit einiger Zeit wieder großer Beliebtheit, und oft werden Originalstücke verwendet, um beispielsweise eine Küchenanrichte dekorativ und freundlich zu gestalten. Die Motive des Delfter Geschirrs waren auch schon Grundlage für das Dekor von Wandfliesen, weil ihre einfache Farbgebung in kobaltblau auf weiß einer schlichten Küche Charme und Charakter verleiht.

Delfter Steingut entstand in Holland als "Porzellan der armen Leute". Allerdings war es eine ständige Quelle des Kummers für die holländische Hausfrau des 18. Jahrhunderts, da die weiße Zinnglasur dazu neigte, vom darunterliegenden Ton abzuplatzen. Es liegt eine gewisse Ironie in dem Gedanken, daß viele Haushaltsgegenstände, die wir heute schätzen und als Kostbarkeiten behandeln, für Menschen, die sie in der Vergangenheit benutzen, reinigen und pflegen mußten, eine große Last waren.

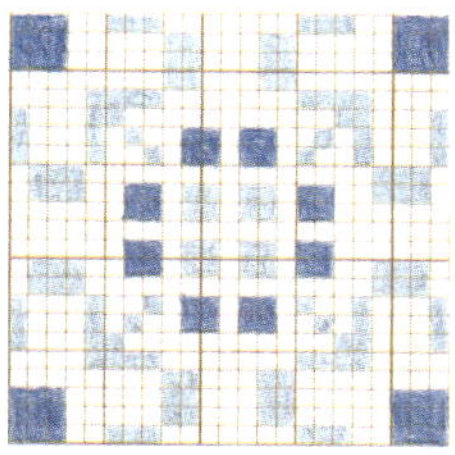

Delfter Uhr

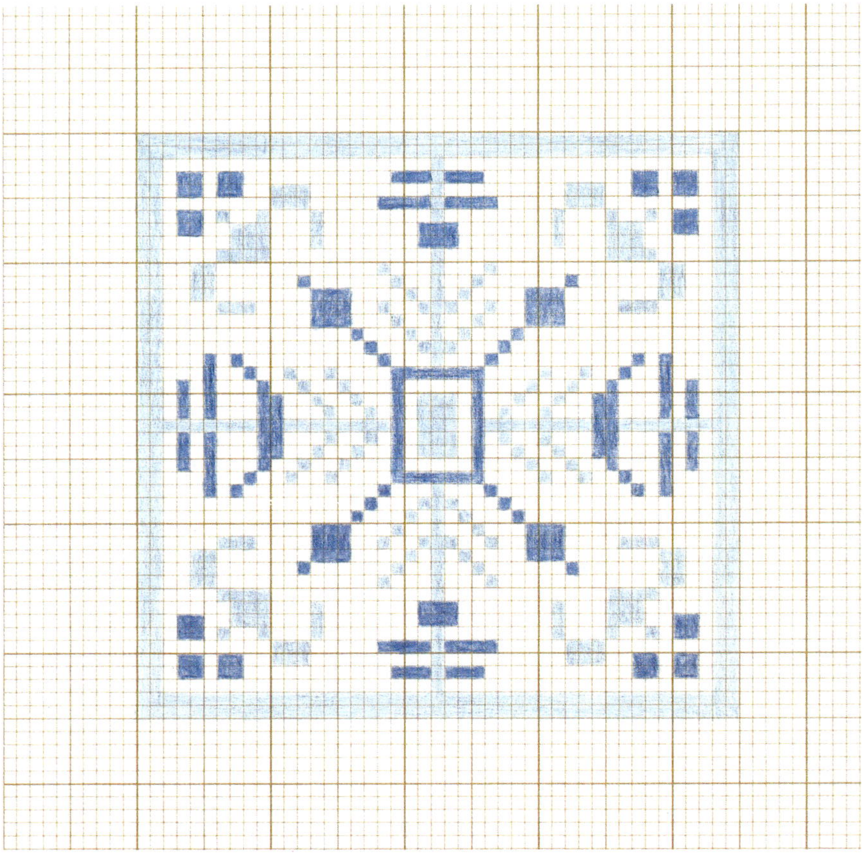

Die Dekors von Küchen-, Badezimmer- und Kaminfliesen sind eine herrliche Inspirationsquelle und können sehr einfach in attraktive Kreuzstichentwürfe umgesetzt werden. Durch die rechteckige Fliesenform und die Verwendung von geometrischen und spiegelbildlichen Motiven sind sie für zahlreiche Projekte geeignet. Auch können Sie Einzelbestandteile hinzufügen oder weglassen, um sie zu Blockmotiven oder Bordüren unterschiedlicher Größe zusammenzustellen. Zum Beispiel habe ich in diesem Kapitel Entwürfe für eine Küchenuhr, eine Tischdecke, einen Topflappen und eine Serviette zusammengestellt, die alle auf Delfter Kachelmotiven basieren. Als Bordüre könnten Sie auch eine Jalousie damit besticken oder die quadratischen Motive für einen Bilderrahmen oder Bucheinband verwenden.

Die Anfertigung des Grundentwurfs ist einfach. Entweder pausen Sie das Muster direkt mit Transparentpapier von einer Fliese ab, oder Sie fotokopieren sie zuerst, wenn Sie eine übrige Fliese haben. In diesem Fall können Sie das Motiv zunächst auf das gewünschte Format vergrößern oder verkleinern, bevor Sie es auf Pauspapier übertragen.

Endmaße der Stickerei:
33 × 33 cm

Material

etwa 43 × 43 cm weißer Aidastoff (56 Fäden/10 cm)
Nadel für Stickwolle Nr. 7
33 × 33 cm Hartfaserplatte
Klebstoff auf Gummibasis
Quartz-Uhrwerk und Zeiger (der große Zeiger ist etwa 9 cm lang)
Cutter oder scharfes Messer

Anchor Sticktwist (mehrfädig):
4 Stränge hellblau (130)
3 Stränge dunkelblau (131)

Anleitung

Ich habe einen 2,5 cm breiten Saum an jeder Kante vorgesehen; wenn Sie also beispielsweise in der rechten unteren Ecke zu sticken beginnen wollen, setzen Sie den ersten Stich im 14. Loch, von rechts und von unten gezählt, und sticken dann zuerst den äußeren Rahmen, der an große Fliesen erinnert. Beachten Sie, daß die aneinandergereihten Quadrate nur durch zwei Kreuzstichreihen statt durch vier miteinander verbunden sind.

Arbeiten Sie durchgehend in Kreuzstich, mit drei Fäden in der Nadel. Nach Fertigstellung der acht großen Randmotive sticken Sie die horizontalen Bänder mit den kleinen Motiven und positionieren dann das letzte große Quadrat, in dem die Zeiger sitzen. Dazu suchen Sie die Mitte des Stoffs und Ihres Stickmusters und zählen dann von diesem Punkt aus. Abschließend bestimmen Sie die Lage der Ziffern und sticken sie aus.

Fertigstellen

Wenn die Stickerei fertig ist, legen Sie sie mit der rechten Seite nach oben auf Ihre Hartfaserplatte oder Ihren Karton und falten die überstehenden Ränder vorsichtig nach hinten um. Drehen Sie das Ganze mit der Oberseite nach unten, und kleben Sie die Ecken fest. Achten Sie dabei darauf, daß Ihre Stickerei weiterhin richtig im Quadrat sitzt.

Mit dem Messer schneiden Sie vorsichtig die Fäden im Zentrum Ihres Mittelquadrats durch, damit Sie die Uhrzeiger durchstecken können. Durch den Karton können Sie mit einer Stricknadel ein Loch durch die Mitte stechen, bei der Hartfaserplatte brauchen Sie eher einen kleinen Handbohrer. Befestigen Sie abschließend das Uhrwerk nach Anweisung des Herstellers.

Delfter Serviette

Um Ihre blauweiße Küche weiter zu vervollständigen, könnten Sie einen Satz Servietten mit einem passenden kleinen Motiv besticken. Setzen Sie ein Einzelmotiv an eine Stelle Ihrer Wahl, oder sticken Sie eine Reihe solcher Elemente als Bordüre.

Endmaße der Stickerei:
3,8 × 3,8 cm

Material

Baumwollserviette mit umlaufender Spitze
Nadel für Stickwolle Nr. 8
1 Straminstück (60 Fäden/10 cm), etwa 6,3 × 6,3 cm

Anchor Sticktwist (mehrfädig):
4 Stränge hellblau (130)
2 Stränge dunkelblau (131)

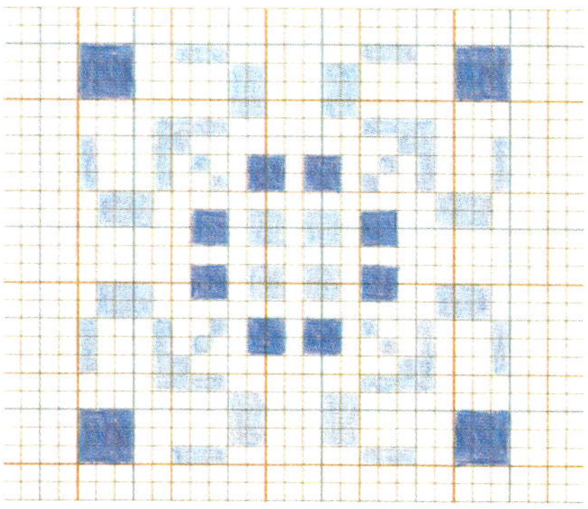

Anleitung

Markieren Sie die Mitte Ihres Stramins, und heften Sie es an der gewünschten Stelle auf die Servietten. Sticken Sie das Motiv durchgehend mit zwei Fäden in der Nadel und über zwei Fäden des Stickgrunds.

Wenn die Stickerei fertig ist, ziehen Sie mit einer Pinzette die Fäden des Stramins darunter heraus.

Delfter Tischdecke

Halten Sie auf Auktionen, Antiquitäten- und Flohmärkten Ausschau nach Baumwoll- und Spitzen-Tischdecken. Wenn Sie solche Stücke gefunden haben und auf diesen dann hier und da ein Kreuzstichmotiv hinzufügen, das Sie wiederum mit Hilfe eines Straminstücks anfertigen, können Sie so Ihre Funde verwandeln und sie individuell Ihrem Zimmer anpassen.

Die Tischdecke, die ich für diese Arbeit verwendet habe, hat die Maße 86,3 × 86,3 cm.

Ausführliche Hinweise über die Technik mit dem Straminstück finden Sie auf S. 160.

Endmaße der Stickereien:
großes Motiv 8,25 × 8,25 cm
kleines Motiv etwa 3,8 × 3,8 cm

Material

1 Baumwoll- und Spitzentischdecke mit einzelnen quadratischen Feldern, 86,3 × 86,3 cm
Nadel für Stickwolle Nr. 8
Garn zum Heften in Kontrastfarbe
8 Straminstücke (60 Fäden/10 cm), 10 × 10 cm
8 Straminstücke (60 Fäden/10 cm), 6,3 × 6,3 cm
Pinzette

Anchor Sticktwist (mehrfädig):
4 Stränge hellblau (130)
2 Stränge dunkelblau (131)

Anleitung

Zuerst markieren Sie wieder die Mitte jedes Ihrer Stramin-Quadrate. Mit Nähgarn heften Sie die Quadrate dann auf die Baumwollfelder der Tischdecke, und zwar in einer Reihe, immer zwischen großem und kleinem Motiv abwechselnd, bis alle 16 Quadrate bedeckt sind.

Mit zwei Fäden in der Nadel sticken Sie durchgehend Kreuzstiche über jeweils zwei Fäden des Stickleinens und beginnen in der Mitte Ihres Zählmusters. Gehen Sie sicher, daß die diagonalen Stiche immer in der gleichen Richtung verlaufen (die Quadrate im Winkel zum Baumwollstoff der Decke, damit sich eine Rautenform ergibt).

Wenn die Stickerei fertiggestellt ist, ziehen Sie die Fäden des Stramins vorsichtig darunter heraus.

Delfter Topflappen

Diesen pfiffigen kleinen Topflappen habe ich fertig gekauft, bereits mit dem Aidastoff als Stickgrund versehen. Sie können aber auch sehr einfach selbst einen solchen nähen und mit einer Kombination von Fliesenmotiven besticken.

Ich habe zwei große Motivfelder nebeneinandergestellt. Wenn Sie wollen, können Sie aber auch vier kleine Motive sticken, jeweils eines pro Ecke, oder ein Band aus kleinen Elementen über die Mitte des Stickfelds legen.

Endmaße der Stickerei:
16,5 × 8,25 cm

Material

altweißer Aidastoff (56 Fäden/10 cm), 19 × 16,5 cm
Nadel für Stickwolle Nr. 7
2 Stücke Frottestoff, jeweils 20,5 × 20,5 cm
Nähgarn in passender Farbe
20 × 20 cm Polyester-Wattierung
1,5 m Baumwoll-Schrägband, 2,5 cm breit, für die Borte

Anchor Sticktwist (mehrfädig):

1 Strang dunkelblau (131)
1 Strang hellblau (130)

Anleitung

In der Mitte des Aidastoffs beginnen Sie, das Zentrum des doppelten Fliesenmusters zu sticken. Gemäß dem Zählmuster sticken Sie die beiden Quadrate durchgehend in Kreuzstich mit drei Fäden in der Nadel.

Wenn die Stickerei fertig ist, nehmen Sie die beiden Frotteequadrate, legen die Wattierung dazwischen und den Aidastoff auf eine Außenseite. Mein fertiger Topflappen ist mit Maschinen-Steppstichen diagonal abgesteppt (nur Frotteelagen und Wattierung). Wenn Sie keine Nähmaschine besitzen, nähen Sie die drei Stofflagen einfach mit einer Rückstichnaht, etwa 12 mm vom Rand entfernt, zusammen. Sie können den Topflappen auch mit der Hand absteppen, wenn Sie keinen passend vorgesteppten Stoff finden. Schneiden Sie ein 19 cm langes Stück Schrägband ab, legen Sie es um die obere Kante Ihres bestickten Aidastoffs, und nähen Sie es an. Mit der rechten Seite nach oben legen Sie dann Ihre Stickerei auf den gepolsterten Frotteestoff und säumen die Unterkante nach innen ein. Unten und an den Seiten festheften. Falten Sie den Rest des Bandes längs zusammen, legen Sie es, ausgehend von der Mitte der Unterkante, um die nicht versäuberten Stoffkanten, und stecken Sie es fest. In der Mitte der Oberkante lassen Sie die beiden Enden überstehen. Mit Rückstichen, besser noch mit der Nähmaschine, steppen Sie das Band an. Kreuzen Sie die losen Enden an der Oberseite, und nähen Sie diese zu einem Aufhänger zusammen.

'ERDBEER'-KÜCHE

Walderdbeeren erinnern mich immer an meine Ferien, die ich in den französischen Bergen verbrachte. Also habe ich dieses Motiv dazu verwendet, ein Küchendekor im provenzalischen Stil zu entwerfen. Sommerfrüchte aller Art sind für Stickereien sehr beliebt, und man sagt, daß in traditionellen Stickmustertüchern ein Obstkorb Fruchtbarkeit symbolisiert. Angesichts dessen, und um auf jeden Fall sicherzugehen, habe ich in meinen Entwürfen auf Körbe verzichtet. Der Gedanke einer Horde schwangerer Kreuzstickerinnen, die das Verlagsgebäude stürmen, war dann doch mehr, als ich ertragen konnte. Statt dessen sind Erdbeer-Motive verschiedener Stilrichtungen entstanden – zusammengefaßt auf einem kleinen Stickmustertuch mit komplettem Alphabet.

'Erdbeer'-Kissenbezug (Stickmustertuch)

Diese Kreuzstickerei wird mit Hilfe eines Straminstücks auf ein fertiges Baumwoll-Spitzenkissen gestickt. Kissenbezüge dieser Art sind in den einschlägigen Geschäften oder auf Antiquitätenmärkten und Auktionen leicht zu bekommen. Wählen Sie bei Ihrer Jagd nach geeigneten Baumwoll- oder Leinenstoffen solche aus, die glatte Stoffstücke enthalten, und lassen Sie sich bei der Wahl Ihres Stickmusters und seiner Plazierung von der Form dieser Stofffläche leiten.

Ein Stickmustertuch zu entwerfen, ist immer eine interessante Erforschung des Motivs, denn Sie können ein einzelnes Bild auf unterschiedlichste Art verwenden, und jede davon kann einer Stickerei einen besonderen Charakter oder Stil verleihen.

Experimentieren Sie, indem Sie z.B. dasselbe Motiv mit unterschiedlichen Garnen sticken und Ihre Mustertücher dann zu einem "Patchwork" zusammenfügen. Je nach Größe können Sie diese Tücher in einen Wandschmuck, einen Bucheinband oder etwas anderes verwandeln, was Sie für Ihr Zimmer als nützlich oder attraktiv empfinden.

Endmaße der Stickerei:
12 × 12,7 cm

Material

40,6 × 40,6 cm Baumwoll-Kissenbezug mit Spitze
Garn in Kontrastfarbe zum Heften
Nadel für Stickwolle Nr. 8
14 × 14 cm Straminstück (60 Fäden/10 cm)
Pinzette

Anchor Sticktwist (mehrfädig):

1 Strang rosa (27)
1 Strang rot (54)
1 Strang grün (265)
1 Strang hellrosa (25)

Anleitung

Markieren Sie den Mittelpunkt des Straminstücks, und heften Sie es mit deutlich sichtbarem Nähgarn auf das Mittelstück Ihres Kissenbezugs.

Markieren Sie auch die Mitte des Zählmusters, und sticken Sie von dort aus durchgehend in Kreuzstich mit zwei Fäden in der Nadel und jeweils über zwei Fäden. Beachten Sie, daß das Muster die Stickfläche gleichmäßig ausfüllt, und daß Sie es daher genau in der Mitte plazieren müssen. Um ganz sicherzugehen, schlage ich vor, daß Sie zuerst um das Zentrum herum sticken und dann nach außen zählen. So können Sie die Lage genau überprüfen.

Nach Fertigstellung der Stickerei ziehen Sie mit der Pinzette vorsichtig die Straminfäden heraus.

Unten: Zählmuster für das Taillenband der 'Erdbeer'-Schürze

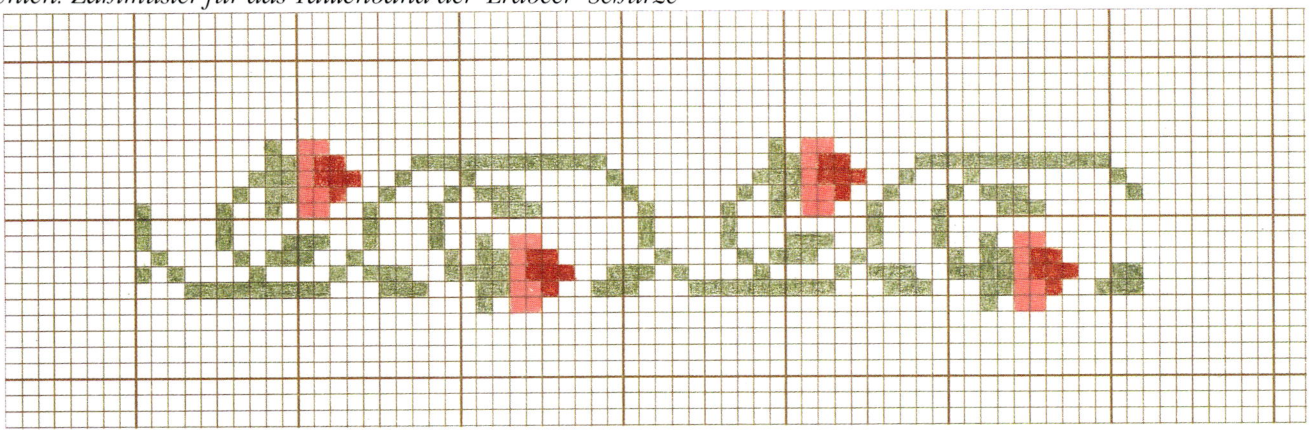

abcdefg
1234567

'Erdbeer'-Schürze

Bei dieser hübschen Baumwollschürze mit Spitze habe ich das Rankenmotiv vom Stickmustertuch oben für das Taillenband verwendet. Einen zusätzlichen Akzent habe ich durch die Applikation eines einzelnen umrahmten Motivs auf die Schürzentasche gesetzt. Die Schürze habe ich fertig gekauft. Selbstverständlich können Sie dasselbe Muster auch auf das Taillenband eines Rocks sticken. Oder Sie verwenden ein Einzelmotiv für den Kragen oder die Tasche eines Hemdes. Das Zählmuster für das Schürzenband (siehe S. 21 unten) kann in beliebiger Länge verwendet werden und würde sich auch hervorragend für den Saum einer Jalousie oder als Bordüre für einen schlichten Kissenbezug eignen. Oder – für den Fall, daß Sie eine Küchenbank besitzen –, warum nicht eine Auflage dafür nähen und den Bezug mit einer Erdbeer-Bordüre einfassen?

Endmaße der Stickerei:
Taillenband 33 × 2,5 cm
Tasche 5 × 4,5 cm

Material

Baumwollschürze mit Spitzenborte
Nadel für Stickwolle Nr. 8
1 Straminstück (60 Fäden/10 cm), 35,5 × 5 cm (2,5 cm Rand ringsum), für den gemusterten Bereich des Taillenbandes
1 Straminstück (60 Fäden/10 cm), 7,5 × 7,5 cm
Pinzette

Anchor Sticktwist (mehrfädig):

- *1 Strang rosa (27)*
- *1 Strang rot (54)*
- *1 Strang grün (265)*

Anleitung

Heften oder stecken Sie den Straminstreifen mittig auf dem Taillenband fest. Genauso wird das 7,5 × 7,5 cm große Leinenquadrat auf der Tasche befestigt.

Taillenband: Markieren Sie die Mitte des Bandes und diejenige des 62 Stiche breiten Rapports auf dem Zählmuster, d.h. bei Stich 31. Mit zwei Fäden in der Nadel und jeweils über zwei Fäden des Stramins stikken Sie von dort aus zunächst zum rechten Ende des Musters. Dann stikken Sie über die Gesamtbreite von 62 Kreuzstichen von rechts nach links zurück und vervollständigen die zweite Hälfte des Musters wieder von rechts nach links. Anschließend wiederholen Sie das gesamte Muster von rechts nach links usw. Mit der Pinzette entfernen Sie zum Schluß die Straminfäden unter der Stickerei.

Tasche: Auch hier markieren Sie die Mitte des Stickgrunds auf der Tasche und diejenige des Motivs im Zählmuster. Arbeiten Sie durchgehend in Kreuzstich, mit zwei Fäden in der Nadel und über zwei Fäden. Nach Fertigstellung der Stickerei entfernen Sie vorsichtig mit der Pinzette die Straminfäden.

'Erdbeer'-Häubchen

Selbsteingemachtes schmeckt köstlich, sieht herrlich aus und ist ein stets willkommenes Mitbringsel. Diese Häubchen für Marmeladengläser können Sie fertig kaufen, d.h. komplett mit Stickgrund aus Aidastoff. Sie können sie aber auch selbst nähen, indem Sie aus Aidastoff einen Kreis in der Größe Ihres Deckels ausschneiden und mit Spitze umsäumen.

Endmaße der Stickerei:
4,5 × 3,8 cm und
3,8 × 3,8 cm

Material

2 fertig gesäumte Marmeladenglas-Häubchen oder 2 Kreisflächen aus Aidastoff (72 Fäden/10 cm), Durchmesser etwa 7,5 cm
1 m Spitze, 5 cm breit
Nadel für Stickwolle Nr. 8
passendes Nähgarn für die Spitze
Bleistift

Anchor Sticktwist (mehrfädig):

1 Strang rosa (27)
1 Strang rot (54)
1 Strang grün (265)

Anleitung

Markieren Sie den Kreismittelpunkt des Aidastoffs und des Zählmusters. Wenn Sie fertige Häubchen verwenden, sticken Sie nun einfach von der Mitte aus mit zwei Fäden in der Nadel. Falls Sie die Häubchen selbst machen, legen Sie den Deckel des Marmeladenglases auf den Aidastoff und zeichnen den Umriß mit Bleistift. Die Kante der ausgeschnittenen Kreisflächen vernähen Sie mit Zickzackstich, damit sie nicht ausfranst. Schneiden Sie die Spitze in zwei Hälften, und nehmen Sie diese an einer Kante der Länge nach auf; dann vorsichtig an die Stickfläche nähen.

'HÜHNER UND FISCHE'-KÜCHE

Ich habe das Glück, ein Studio mit Blick auf eine Wiese zu besitzen, und zu meinen ständigen Gefährten dort gehören vier fette Hühner, die vor meinem Fenster frei umherstolzieren. Das andere Fenster gibt den Blick auf einen Bach frei, wo an einem schönen Tag erschöpfte Lachse zu entdecken sind, die einen langen Weg zurückgelegt haben, um hierher zu gelangen. Deswegen wohl verbinde ich Landhausküchen immer mit Hühnern und Fischen, und weil ich in Wales wohne, gehört Lauch ebenfalls mit ins Bild.

Traditionell ist ein Stickmustertuch ein Übungsstück, das verschiedene Sticharten und Bildmotive enthält. Für Ihre Kreuzsticharbeiten in der Küche könnten Sie auch einmal Motive zusammenstellen, die ganz individuell zu Ihnen und Ihrer Familie gehören. Solche Sticktücher sind keine streng formalen Stücke, und ihre Motive sollten für meinen Geschmack nach Belieben um ein zentrales Bild herum verteilt werden. Wenn Sie sich eigene Entwürfe nicht zutrauen, können Sie meinen Vorschlag verwenden und die Reihenmotive in der gewünschten Länge übernehmen, oder aber Sie sticken eine Serie aus spiegelbildlich zusammengesetzten Mustern.

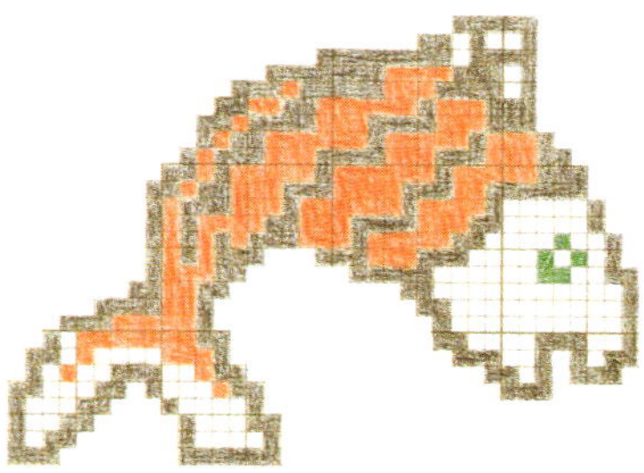

'Hühner und Fische'-Sticktuch

Ich habe beschlossen, die fertige Stickerei zu rahmen und aufzuhängen, aber sie könnte genauso als Deckeleinband für einen Ordner oder eine Mappe mit Ihren Rezepten dienen.

Wie Sie eine Mappe anfertigen, erfahren Sie in dem Kapitel mit der Arche Noah für das Kinderzimmer ab Seite 61.

Endmaße der Stickerei:
22,25 × 31,75 cm

Material
30,5 × 38 cm Aidastoff (56 Fäden/10 cm)
Sticknadel Nr. 24

Anchor Sticktwist (mehrfädig):

- *2 Stränge dunkelorange (925)*
- *2 Stränge rostrot (326)*
- *1 Strang karamel (362)*
- *1 Strang hellorange (304)*
- *1 Strang grün (205)*
- *1 Strang weiß (1)*
- *1 Strang korallenrot (10)*
- *1 Strang khaki (903)*
- *1 Strang rot (335)*

Anleitung
Markieren Sie die Mitte auf Zählmuster und Aidastoff. Von hier aus sticken Sie in Kreuzstich mit drei Fäden in der Nadel. Der Lauch ist jeweils mit Rückstichen umrahmt. Wenn Sie die Stickerei fertiggestellt haben, rahmen Sie diese ganz nach Ihrem Geschmack.

Das Zählmuster für das 'Hühner und Fische'-Stickmustertuch finden Sie auf S. 28-29

'Fische'-Läufer

Tischläufer kommen wieder in Mode und haben im Grunde in den Ländern Mitteleuropas niemals an Popularität verloren.

Eine norwegische Freundin erzählte mir zum Beispiel, daß sie ein komplettes Jahreszeiten-Set an Tischwäsche für ihre Küche besitzt. Im Frühjahr begrüßen einen Tischtücher mit grünen und gelben Stickereien, im Winter sind es rote und grüne Töne, welche die Küche beherrschen. Daneben hat sie auch Läufer und Servietten für besondere Anlässe wie Weihnachten oder Ostern, und so sieht ihre Küche immer frisch und festlich aus.

Endmaße der Stickerei:
8,9 × 12 cm

Material
Nadel für Stickwolle Nr. 8
Stecknadeln
Nähgarn zum Heften
fertig gesäumter Läufer (136 Fäden/10 cm), 86,8 × 20,5 cm

Anchor Sticktwist (mehrfädig):

- *1 Strang korallenrot (10)*
- *2 Stränge khaki (903)*
- *1 Strang grün (205)*

Anleitung

Stecken Sie an den Schmalseiten jeweils eine Stecknadel mit 5 cm Abstand zum Rand in den Stoff, und heften Sie die Seite ab. Genauso verfahren Sie mit einem zweiten Paar Stecknadeln an den Längsseiten. Suchen Sie die Mitte am rechten Rand Ihres Stickmusters und diejenige der Heftung an der rechten Schmalseite. Dort beginnen Sie Ihre Kreuzstickerei mit zwei Fäden in der Nadel und über jeweils zwei Fäden des Aidastoffs.

Wenn Sie den Block mit den vier Fischen am rechten Rand fertiggestellt haben, sticken Sie denjenigen am linken Ende des Läufers, den Sie genauso plazieren. Zum Schluß legen Sie den Läufer der Länge und Breite nach zusammen und markieren den Mittelpunkt. Dann suchen Sie die Mitte Ihres gesamten Stickmusters und sticken von dort aus den Mittelblock mit Fischen fertig.

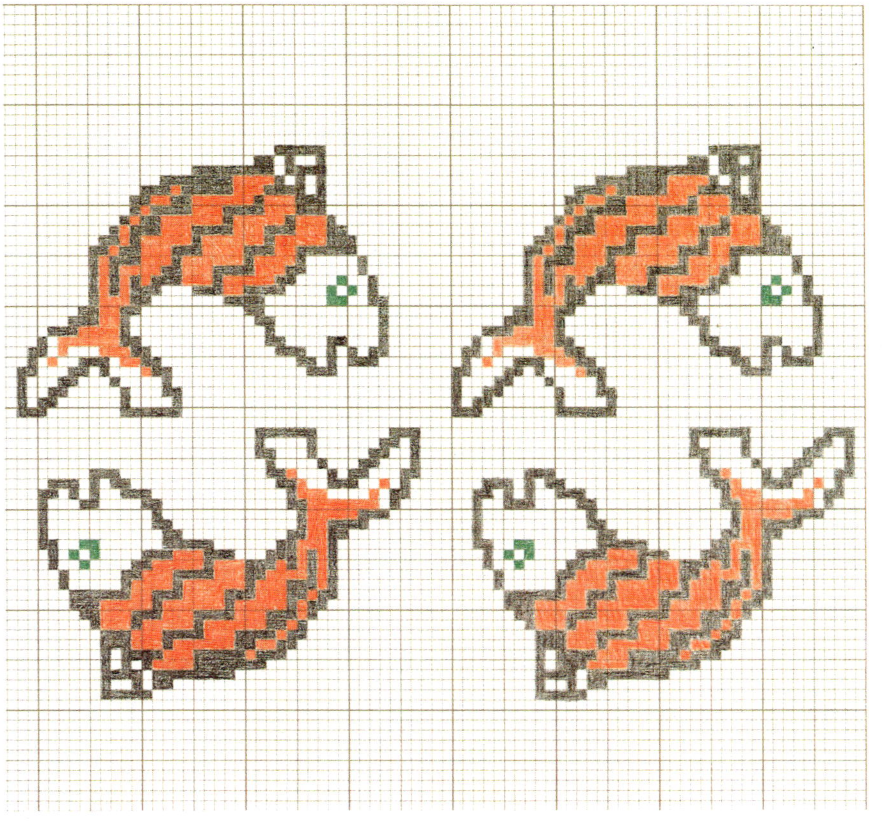

'Hühner und Fische'-Salzdose

Stickereien mit quadratischer Grundform können zur Dekoration von Schachteln oder Dosen verschiedenster Art verwendet werden. Ich habe in einem Kaufhaus Salzfässer aus hellem Holz gekauft und hatte die Idee, darin Suppenwürfel aufzubewahren – daher Hühner für die Hühnerbrühe, Fische für Fischfondwürfel usw. Wählen Sie das Motiv ganz für Ihre Zwecke passend aus.

Endmaße der Stickereien:
Hühnermotiv 8,25 × 7 cm
Fischmotiv 9,5 × 7 cm

Material
jeweils 1 Stück Aidastoff, 15,25 × 15,25 cm (56 Fäden/10 cm)
1 Stück Karton in der Größe der zu beziehenden Fläche
Polyester-Wattierung in der Größe des Kartons
Sticknadel Nr. 24
Klebstoff auf Gummibasis

FÜR DAS MOTIV MIT HÜHNERN
Anchor Sticktwist (mehrfädig):

1 Strang grün (205)
1 Strang rot (335)
1 Strang karamel (362)
1 Strang hellorange (304)
1 Strang rostrot (326)

FÜR DAS MOTIV MIT FISCHEN
Anchor Sticktwist (mehrfädig):

1 Strang khaki (903)
1 Strang grün (205)
1 Strang korallenrot (10)

Anleitung
Markieren Sie die Mitte auf dem von Ihnen ausgewählten Zählmuster und auf Ihrem Stickgrund. Von dort beginnend, sticken Sie mit drei Fäden in der Nadel das Motiv aus. Schneiden Sie dann den Karton auf die entsprechende Größe zu, und kleben Sie die Polyester-Wattierung darauf. Legen Sie die Stickerei mittig über die Wattierung, und kleben Sie die Ränder auf der Rückseite des Kartons fest. Abschließend befestigen Sie die so aufgezogene Stickerei wiederum mit Klebstoff auf der Dose und lassen alles einige Stunden trocknen.

'Hühner'-Korbdeckchen

Für dieses Eierkorbdeckchen habe ich eine einzelne, festonierte Serviette verwendet. Genauso könnten Sie aber auch ein Karree aus freundlichem karierten Stoff oder ein Stück Leintuch eines alten Bettlakens einsäumen.

Um das Zählmuster Ihres Motivs zu vergrößern, übertragen Sie es nochmals auf kariertes Papier und zeichnen für jedes Quadrat Ihrer Vorlage vier Quadrate in der entsprechenden Farbe ein. Wenn das Muster fertig ist, können Sie hier und da an den Ecken noch ein paar vorgesehene Stiche entfernen, um dem Motiv die harten Kanten zu nehmen.

Endmaße der Stickerei:
7,5 × 8,9 cm

Material

1 weiße Baumwoll-Serviette
1 Straminrest (60 Fäden/10 cm), 12,7 × 12,7 cm
Nadel für Stickwolle Nr. 8
Nähgarn zum Heften
Pinzette

Anchor Sticktwist (mehrfädig):

1 Strang rostrot (326)
1 Strang karamel (362)
1 Strang hellorange (304)
1 Strang rot (335)

Anleitung

Heften Sie den Straminrest an die gewünschte Stelle in einer Ecke der Serviette. Auf dem Zählmuster und Ihrem Stickgrund markieren Sie die Mitte und beginnen dort zu sticken. Alle Kreuzstiche werden mit zwei Fäden in der Nadel über jeweils zwei Straminfäden gearbeitet. Nach Fertigstellung der Stickerei ziehen Sie vorsichtig die Fäden Ihrer Arbeitshilfe darunter heraus.

Kinder-zimmer

'ENTEN, KANINCHEN UND MÄUSE'-BABYZIMMER

Tierkinder aller Art sind liebenswerte Freunde im Babyzimmer und können dort auf verschiedenste Art und Weise in Erscheinung treten. Beispielsweise könnten Sie die Umrisse dieser niedlichen Tierchen durchpausen und als Schablonen für gemalte Schmuckleisten oder Einzelmotive an den Wänden verwenden, oder Sie könnten die Stickereien jeweils einzeln mit Bilderrahmen aufhängen. Nehmen Sie diese Motive als Vorlage für Geburtstagskarten, oder sticken Sie eine Entenparade auf den Saum eines Mädchenkleides – den Möglichkeiten sind keine Grenzen gesetzt. Für den Anfang habe ich mir erst einmal vier Vorschläge ausgedacht.

'Enten, Kaninchen und Mäuse'-Patchworkquilt

Für diesen zauberhaften Patchworkquilt gibt es unzählig viele Farbkombinationen. Ich habe mich für einen zart rosafarbenen Aidastoff als Stickgrund, umgeben von traditionellen blumengemusterten Stoffen, entschieden. Eine besonders frische Wirkung können Sie erzielen, wenn Sie die Stickereien mit gestreiften, gepunkteten und karierten Stoffen kombinieren oder – wenn Sie sehr geschickt im Quilten sind – knifflige Quiltmuster auf einfarbigem Stoff anbringen, zwischen denen Sie die Tiere, wie und wo es Ihnen gefällt, einfügen. Machen Sie sich einen Plan auf kariertem Papier, und probieren Sie die Anordnung der Motive aus. Auch die Anzahl der gestickten Bildmotive können Sie natürlich variieren, oder Sie sticken die Motive auf weißen Grund und fassen den Quilt mit Lochstickerei ein. Die nachfolgende Anleitung bezieht sich auf den Quilt, den Sie auf S. 39 sehen.

Endmaße der Stickereien:
jeweils 10 × 11,5 cm

Material

6 Teile zartrosa Aidastoff (56 Fäden/10 cm), 15,25 × 15,25 cm
leichter, bedruckter Baumwollstoff: 12 Teile blaßblau, 9 Teile gelb und 8 Teile zartrosa, jeweils 15,25 × 15,25 cm
75 × 101 cm bedruckter Baumwollstoff für Rückseite und Einfassung
56 × 79 cm Polyester- oder andere Synthetik-Wattierung
weißes Nähgarn
Nadel für Stickwolle Nr. 8

FÜR 2 QUADRATE MIT ENTEN
Anchor Sticktwist (mehrfädig):

2 Stränge hellblau (167)
1 Strang weiß (1)
1 Strang blau (118)
1 Strang rosa (54)
1 Strang türkis
2 Stränge hellgelb (295)
1 Strang hellorange (304)
1 Strang schwarz (403) (Auge)
1 Strang goldgelb (298)

FÜR 2 QUADRATE MIT MÄUSEN
Anchor Sticktwist (mehrfädig):

1 Strang rehbraun (374)
1 Strang karamel (362)
1 Strang schwarz (403)
1 Strang weiß (1)
2 Stränge hellblau (167)
1 Strang hellgelb (295)
1 Strang violett (118)
1 Strang rosa (54)
1 Strang lila (109)

FÜR 2 QUADRATE MIT KANINCHEN
Anchor Sticktwist (mehrfädig):

1 Strang grau (233)
1 Strang weiß (1)
1 Strang rosa (54)
2 Stränge hellblau (167)
1 Strang hellgelb (295)
1 Strang blau (118)
1 Strang karamel (362)
1 Strang grün (266)

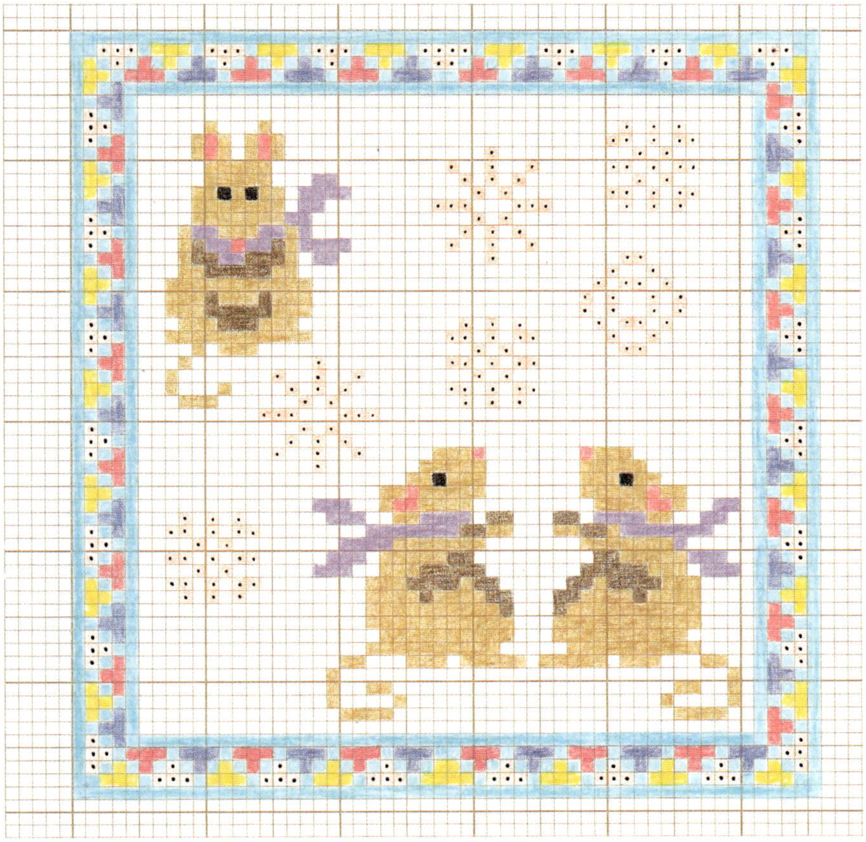

Anleitung

In Ihren Zählmustern und auf dem Aidastoff markieren Sie jeweils den Mittelpunkt. Von dort ausgehend, sticken Sie die Motive mit drei Fäden in der Nadel. Wenn Sie mit den Stickereien fertig sind, bügeln Sie mit einem nicht zu heißen Bügeleisen den überstehenden Stoffrand nach hinten um. Dazu legen Sie die Stikkerei mit der Vorderseite auf ein Handtuch. Nehmen Sie die zugeschnittenen Stoffquadrate zur Hand, und bügeln Sie auch hier den Saum nach hinten um, so daß alle Quadrate dieselbe Größe haben. Stecken Sie nun mit Stecknadeln die Felder in vertikaler Richtung zu Streifen zusammen, wie im Plan gezeigt. Dann nähen Sie die Felder per Hand oder Maschine an den horizontalen Säumen oder direkt an den Kanten der Quadrate zusammen. Achten Sie dabei darauf, daß die Richtung stimmt. Wenn die fünf Streifen fertig sind, werden sie vertikal untereinandergenäht.

Dann breiten Sie den Stoff für die Rückseite mit der linken Seite nach oben aus und legen die Wattierung darauf. Darüber, genau in die Mitte der Fläche und mit der Vorderseite nach oben, kommt das fertige Patchwork. Falten Sie den Stoff für die Rückseite über die Wattierung, und stecken Sie ihn unter die Patchworkkante. Mit Stecknadeln werden nun die Stofflagen zusammengesteckt und anschließend vorsichtig mit der Maschine entlang der Patchworkkanten abgenäht. Die Ecken versäubern Sie per Hand.

Den Plan für die Anordnung der Patchwork-Felder finden Sie auf S. 42.

ENTEN
MÄUSE
KANINCHEN
KANINCHEN
MÄUSE
ENTEN

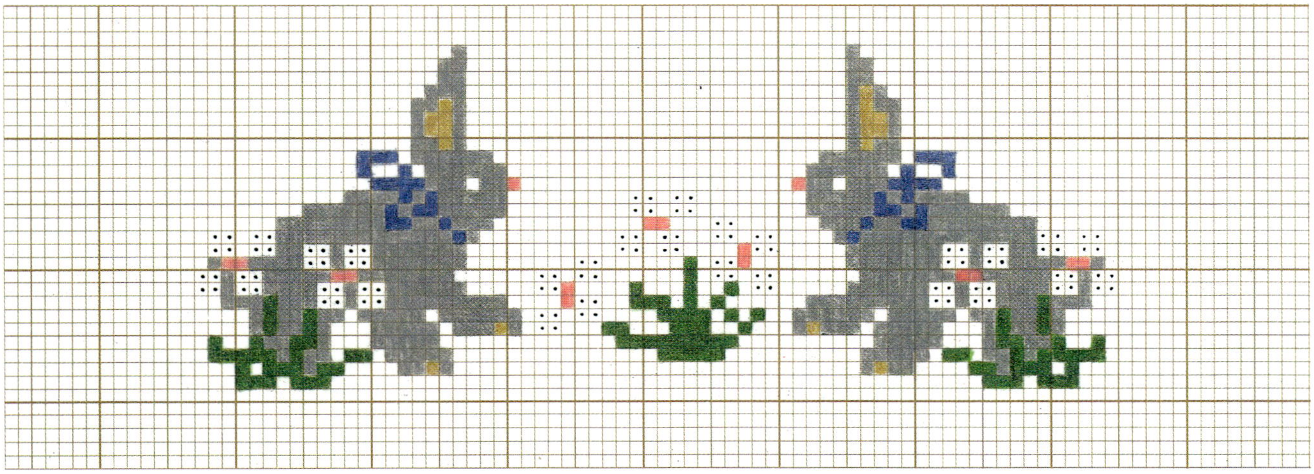

'Kaninchen'-Lätzchen

Durch diese kleinen Kaninchen machen Sie aus einem einfachen Frottee-Lätzchen etwas Besonderes. Wenn Sie das Muster wiederholen, könnten Sie es auch am Saum eines Röckchens umlaufen lassen oder als Bordüre für eine Jalousie oder einen Kinderzimmervorhang verwenden. Setzen Sie mit anderen Farben für Kaninchen und Blumen neue Akzente.

Endmaße der Stickerei:
12,7 × 5 cm

Material

1 Frottee-Lätzchen
Aidastoff (56 Fäden/10 cm) der Größe 19 cm – oder 2,5 cm breiter als das Lätzchen – × 7,5 cm
2 Stücke Satinband, 12 mm breit, 2,5 cm länger als das Lätzchen
Nadel für Stickwolle Nr. 8

Anchor Sticktwist (mehrfädig):

1 Strang grau (233)
1 Strang karamel (362)
1 Strang blau (118)
1 Strang grün (266)
1 Strang rosa (54)
1 Strang weiß (1)

Anleitung

Zeichnen Sie in Ihrem Zählmuster und auf dem Aidastoff die Mitte an. Dann sticken Sie von hier aus mit drei Fäden in der Nadel das Motiv. An den Schmalseiten falten Sie den Aidastoff nach hinten um und nähen den Streifen quer über das Lätzchen auf. An der Ober- und Unterkante der Stickerei stecken Sie die Satinbänder fest und nähen auch diese mit der Hand oder der Maschine an.

'Mäuse'-Babytasche

Ein Baby mitzunehmen, ist fast immer so etwas wie ein Umzug. So viel Krimskrams und Zubehör muß mit auf den Weg – und wie soll das alles befördert werden?

In dieser hübschen Tasche könnten Windeln, Fläschchen und Spielzeug ihren Platz finden, und mit dem Riemen kann man sie mühelos am Kinderwagen befestigen, ohne daß sie über den Boden schleift.

Endmaße der Stickerei:
27,5 × 22,25 cm

Material

31,25 × 31,25 cm altweißer Aidastoff (44 Fäden/10 cm)

51 × 111,75 cm grober Baumwolltweed

1 m Leinen-Gurtband für den Tragriemen, 2,5 cm breit

2 Holzknebel

1 Spule Kreinik-Silber-1000-Garn (metallic)

Nadel für Stickwolle Nr. 8

Anchor Sticktwist (mehrfädig):

1 Strang rehbraun (374)

2 Stränge karamel (362)

1 Strang hellgelb (295)

1 Strang blau (118)

1 Strang schwarz (403)

1 Strang lila (109)

3 Stränge hellblau (167)

2 Stränge rosa (54)

1 Strang weiß (1)

1 Strang hellblau (167) plus Kreinik-Silber-1000-Garn (metallic)

Anleitung

Markieren Sie die Mitte in Ihrem Zählmuster und auf dem Aidastoff. Sticken Sie, ausgehend von der Mitte, mit vier Fäden in der Nadel; lediglich die Schneeflocken werden mit einem silbernen und einem hellblauen Faden (167) gearbeitet. Den überstehenden Rand falten Sie nach Fertigstellung der Stickerei so nach hinten um, daß etwa 2 cm unbestickter Rand stehenbleiben. Dann festheften.

Fertigstellen

An der Ober- und Unterkante des Baumwollstoffs nähen Sie per Hand oder Maschine einen etwa 6,5 cm breiten Saum. Legen Sie den Stoff auf die Hälfte zusammen, und nähen Sie die Stickerei in der Mitte der Vorderseite entlang der Kanten sauber fest. Dann wird der Stoff mittig mit den rechten Seiten aufeinandergelegt und an der Unter- und Seitenkante zusammengenäht. Jetzt wenden Sie die Tasche, ziehen die Enden des Leinenriemens durch die Holzknebel und verknoten sie. Die Riemenenden nähen Sie über den Holzknebeln an der Oberkante der Tasche fest, so daß die Enden auf der Seitennaht liegen.

Das Zählmuster für die 'Mäuse'-Babytasche finden Sie auf S. 46-47.

Kissenbezug mit 'Entenparade'

Hier ein Dekorationsvorschlag für einen einfarbigen Baby-Kissenbezug. Die Entchen können Sie beliebig oft wiederholen oder auch nur die Entenmutter allein sticken. Natürlich kann die Bordüre auch um das ganze Kissen laufen – je nachdem, wieviel Arbeit Sie in dieses Projekt investieren möchten. Oder vielleicht ließe sich das Motiv auch als Passe eines Babykleidchens einsetzen?

Nähere Hinweise zur hier angewandten Methode mit einem Straminrest finden Sie auf S. 160.

Endmaße der Stickerei (nur Enten): 17,8 × 7,5 cm

Material

Baumwoll-Kissenbezug mit Lochstikkerei, Maße etwa 44,5 × 33 cm
Straminrest, 15,25 cm lang × Breite des Bezugs
Nähgarn in Kontrastfarbe zum Heften
Nadel für Stickwolle Nr. 7
Pinzette

Anchor Sticktwist (mehrfädig):

1 Strang hellblau (167)
1 Strang weiß (1)
1 Strang blau (118)
1 Strang rosa (54)
1 Strang türkis (168)
1 Strang hellgelb (295)
1 Strang orange (304)
1 Strang schwarz (403) (Auge)
1 Strang goldgelb (298)

Anleitung

Heften Sie den Straminrest an der gewünschten Stelle auf den Kissenbezug. Zuerst sticken Sie mit zwei Fäden in der Nadel die untere Borte, anschließend am linken Rand die Entenmutter und dahinter so viele Entchen, wie Sie wollen. Mit Ausnahme der Augen, die aus kleinen, geraden Stichen bestehen, sticken Sie durchgehend mit Kreuzstich. Wenn alle Entchen fertig sind, sticken Sie die obere Borte und ziehen dann mit der Pinzette vorsichtig die Fäden unter Ihrer Stickerei heraus.

'CLOWNS, STERNE UND ZAHLEN'-SPIELZIMMER

Clowns und Sterne in Grundfarben lassen ein Kinder-Spielzimmer fröhlich wirken und sind bei Jungen und Mädchen beliebt. Dazu ein paar Zahlen oder Buchstaben, und schon wird das Lernen zum Vergnügen.

Für die Clowns gibt es unzählige Varianten. Auf Binca gestickt, können Sie diese ausschneiden, auf der Rückseite Filz aufnähen und sie so in kuschelige Spielzeuge verwandeln. Rahmen Sie sie als Bild, sticken Sie sie für ein Mobile auf Papier, oder verzieren Sie ein Sweatshirt damit.

Für Kleinkinder wäre vielleicht ein Satz Klötzchen oder Würfel mit den Stern- und Zahlenmotiven eine gute Idee. Fertigen Sie sechs gleich große Binca-Quadrate mit jeweils einer anderen Ziffer oder einem anderen Stern, und nähen Sie diese auf einem waschbaren Schaumstoff-Klotz oder -Würfel zusammen. Hier einige Anregungen.

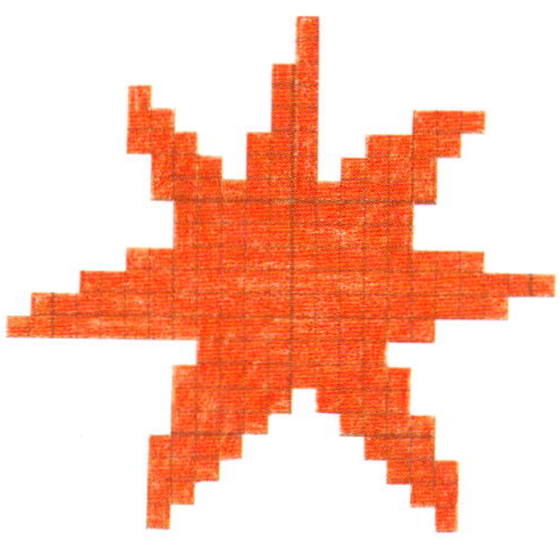

1 2 3

'Clown'-Beutel

Dieser lustige Beutel ist einfach herzustellen und könnte für Wäsche, Spielzeug, Schuhe und alles, was lieber in einem Beutel verschwinden sollte, benutzt werden. In meinem Beispiel ist die Öffnung mit einem einfachen Zugband versehen, man kann aber auch die Vorderseite etwa 20 cm kürzer als die Rückseite zuschneiden und diese dann nach vorne überklappen. Verschlossen wird die Tasche dann in diesem Fall mit Holzknebeln. Mit zwei Riemen an der Rückseite entsteht ein Rucksack oder eine Schultasche. Die folgende Anleitung bezieht sich auf den auf S. 51 abgebildeten Beutel.

Endmaße der Stickerei:
38 × 12,7 cm

Material
45,7 × 17,8 cm Aidastoff
(44 Fäden/10 cm)
2 Baumwollstoffteile, 50,8 × 76,2 cm
2,5 m weiße Schnur
zum Stoff passendes Nähgarn
Sticknadel Nr. 23
2 Holzknebel

Anchor Sticktwist (mehrfädig):

1 Strang gelb (298)
1 Strang türkisblau (410)
1 Strang lila (99)
1 Strang orange (304)
1 Strang rot (335)
1 Strang schwarz (403)
1 Strang grün (227)
1 Strang fleischfarben (893)

Anleitung
Markieren Sie auf Zählmuster und Stoff den Mittelpunkt. Von dort aus sticken Sie das Muster durchgehend in Kreuzstich mit vier Fäden in der Nadel. Dann plazieren Sie die fertige Stickerei mit etwa 3,8 cm Abstand von Unter- und Seitenkanten auf einem der Stoffteile. Geben Sie aber etwa 2 cm Saumzugabe, die nach hinten umgeschlagen wird. Nähen Sie die Stickerei mit der Maschine oder in Steppstich fest, und arbeiten Sie einen etwa 2 cm breiten Saum an allen Kanten. Dann nähen Sie an der Oberkante beider Stoffteile einen 5 cm breiten Saum nach hinten, durch den die Schnur gezogen wird. Anschließend werden beide Stücke mit der Vorderseite aufeinandergelegt und an drei Seiten (mit Ausnahme der oberen Öffnung) zusammengenäht. Nachdem Sie die rechte Seite nach außen gewendet haben, schneiden Sie die Schnur in zwei Hälften und ziehen die Teilstücke durch den vorderen und hinteren Saum an der Öffnung. Je zwei Enden werden jeweils durch eine Perle gezogen und zur Befestigung am Ende verknotet.

Jonglierbälle mit Sternen

Jeder von uns "jongliert" irgendwie. Es ist wohltuend, entspannend und verbessert die Koordination von Bewegungen. Für diese Bälle können Sie einfach Stoffreste verwenden und sie mit Kreuzstich-Sternen oder -Zahlen verzieren. Ausgestopft werden sie mit Linsen oder getrockneten Bohnen.

Endmaße der Stickerei:
etwa 5 × 5 cm

Material

3 Aidastoffstücke, 10 × 10 cm
80 × 15,25 cm Silber-Lurexstoff (metallic) oder Filz
400 g Linsen oder getrocknete Bohnen
passendes Nähgarn
Sticknadel Nr. 23

Anchor Sticktwist (mehrfädig):

- *1 Strang rot (335)*
- *1 Strang türkisblau (410)*
- *1 Strang grün (227)*

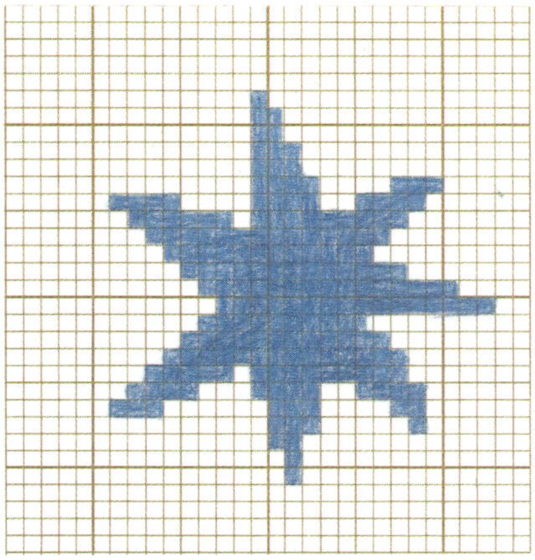

Anleitung

Zeichnen Sie auf Zählmuster und Aidastoff den Mittelpunkt an, von dem aus Sie in Kreuzstich mit 4 Fäden in der Nadel jeweils einen Stern sticken. Aus dem silbernen Stoff oder dem Filz schneiden Sie sechs Kreise mit etwa 11,5 cm Durchmesser aus (als Schablone ein Glas o.ä. verwenden). In die Mitte dreier Kreise setzen Sie die bestickten Quadrate, falten die Ränder des Aidastoffs unter und nähen das jeweilige Quadrat mit Steppstichen fest. Danach sollte es noch etwa 6,3 cm Seitenlänge haben. Nun legen Sie die anderen drei Kreise mit der rechten Seite auf diejenige der anderen Teile und nähen die Elemente fest zusammen. An einer Stelle muß eine 5 cm breite Öffnung bleiben. Wenden Sie die Bälle mit der rechten Seite nach außen, und füllen Sie sie mit den Linsen oder getrockneten Bohnen. Zum Schluß werden die Öffnungen fest zugenäht.

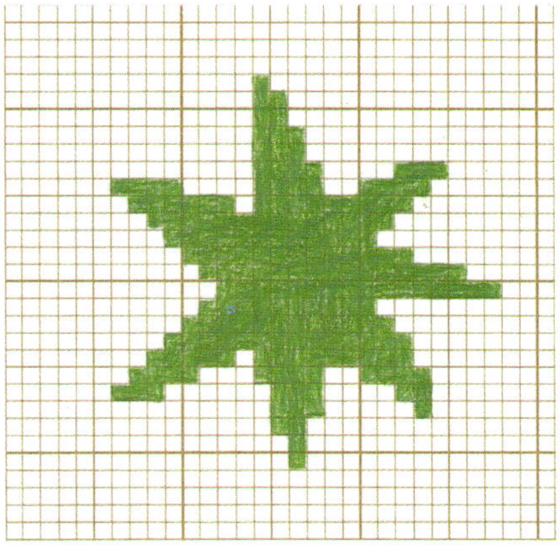

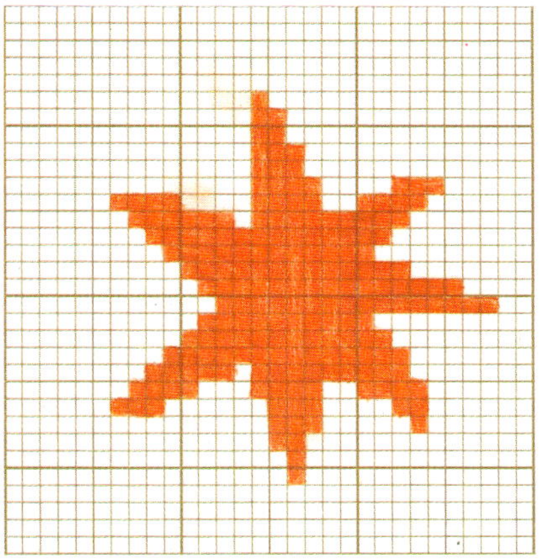

'Clown'-Karte

Über eine eigens für sie gestaltete Karte freuen sich alle Kinder. Mit Hilfe der Zahlenvorlagen können Sie das richtige Alter einsetzen oder den Entwurf für wichtige Geburtstage Erwachsener anpassen.

Endmaße der Stickerei:
11,5 × 11,5 cm

Material
15,25 × 17,8 cm Aidastoff (56 Fäden/10 cm)
43,5 × 21 cm dünner Karton
Sticknadel Nr. 24
Papierschneidemesser oder Cutter
Klebstoff auf Gummibasis

Anchor Sticktwist (mehrfädig):

- *1 Strang gelb (298)*
- *1 Strang türkisblau (410)*
- *1 Strang lila (99)*
- *1 Strang rot (335)*
- *1 Strang grün (227)*
- *1 Strang fleischfarben (893)*
- *1 Strang schwarz (403)*

Anleitung
Markieren Sie die Mitte von Zählmuster und Stickgrund, von der aus Sie das Motiv mit drei Fäden in der Nadel sticken. Dann falten Sie den Karton in drei gleiche Teile und schneiden ein für das Motiv passendes Rechteck in das mittlere Feld des Kartons. Nun kleben Sie die Mitte der Stickerei in die links davon liegende Fläche. Auch um den Ausschnitt herum tragen Sie Klebstoff auf, falten die Seite mit der Stickerei nach innen und drücken sie auf dem Rahmen fest.

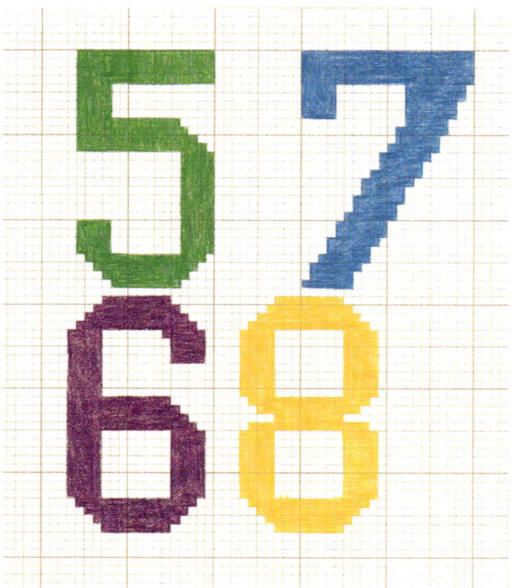

celebrate
celebrate
celebrate

'Clown'-Maßband

Mit diesem lustigen Maßband bleiben Sie über das Wachstum Ihrer Kinder auf dem laufenden. Die verschiebbaren Fähnchen zeigen an, wer welche Größe erreicht hat, und ersparen Ihnen die Markierungen an den Wänden.

Material

109,25 × 16,5 cm Aidastoff (56 Fäden/10 cm)
109,25 × 16,5 cm weißes Leintuch
157,5 cm langes Band, 2,5 cm breit
weißes Nähgarn
Sticknadel Nr. 25
Maßband
3 dicke Keramikperlen oder kleine Gewichte
20,5 cm lange Leiste oder Stab als Aufhängung
Klebstoff auf Gummibasis
dünner farbiger Karton

Anchor Sticktwist (mehrfädig):

1 Strang gelb (298)
2 Stränge türkisblau (410)
2 Stränge lila (99)
1 Strang rot (335)
1 Strang schwarz (403)
1 Strang grün (227)
1 Strang fleischfarben (893)
1 Strang orange (304)

Anleitung
Sie zählen, unter Berücksichtigung von 12 mm Saumzugabe an allen Stoffkanten, von der Unterkante bis zum Beginn des türkisblauen Sterns nach oben. Von dort aus sticken Sie nach dem Zählmuster mit zwei Fäden in der Nadel das gesamte Motiv aus. Die schwarzen Details legen Sie mit geraden Stichen und gleichfalls zwei Fäden in der Nadel an.

Fertigstellen
Die fertige Stickerei legen Sie auf den Leinwandstreifen, falten an allen Kanten 12 mm Saum um und stecken diesen mit Nadeln fest. Bis auf zwei 2,5 cm breite seitliche Öffnungen an der Oberkante (für den Stab), nähen Sie mit der Maschine oder Steppstich das Band an den Kanten entlang zusammen. Dann bilden Sie am oberen Ende des Bandes eine Schlaufe für den Stab. Unten schneiden Sie es auf die Länge Ihres Zählmusters zu. Auch das Bandmaß schneiden Sie jetzt am unteren Ende so ab, daß es bei 49,5 cm beginnt, und kleben es auf den Stoffstreifen. Aus verschiedenfarbigem Karton schneiden Sie Kreise aus und machen jeweils zwei 2,5 cm breite Schlitze, die etwa 2,5 cm voneinander entfernt sein sollten. Über den oberen Schlitz schreiben Sie den Namen Ihres Kindes. Diese Fähnchen ziehen Sie dann über das Bandmaß und stecken den Stab durch die Schlaufen von Maßband und Bandmaß. Zum Schluß wird in beiden unteren Ecken des Maßbandes je eine Perle befestigt, eine dritte ist für das Bandmaß gedacht.

'ARCHE NOAH'-KINDERZIMMER

Erinnern Sie sich noch an Ihren Schulanfang und den Wunsch, zu Hause einen eigenen Schreibtisch zum Lernen zu besitzen? Die nächste Gruppe von Entwürfen ist für Kinder gedacht, die beginnen, Interesse an ihrer Umgebung zu zeigen, und all jene Dinge in Ehren halten, welche die Schulzeit versüßen. Die dazugehörige Geschichte ist schon alt... Herr und Frau Noah, samt ihrer Gefolgschaft, retten die Welt mit ihrer Arche.

Die Tiere können Sie ganz nach Ihrer Wahl mischen und zusammenstellen (vorausgesetzt, Sie belassen sie paarweise), oder Sie verwenden Motive, die mit den Hobbys und Interessen der Kinder zusammenhängen, oder ermuntern diese sogar, eigene Kreuzstickereien anzufertigen, die Sie dann zu reizvollen Schulutensilien weiterverarbeiten. Die Möglichkeiten sind unerschöpflich.

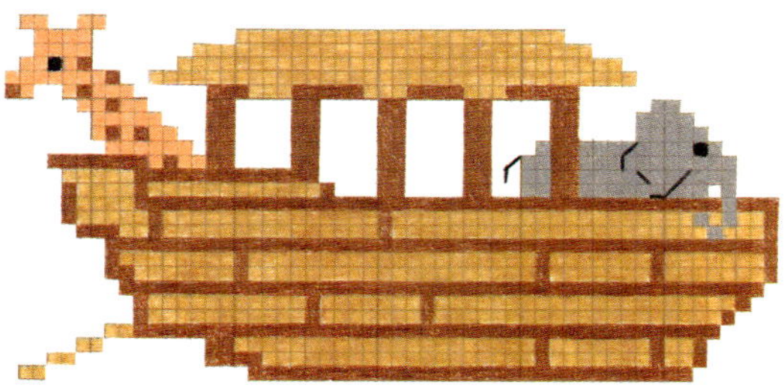

ABCDEF
GHIJKL
MNOPQ
RSTUV
WXYZ

ABCDEF
GHIJKL
MNOPQ
RSTUV
WXYZ

'Arche Noah'-Mappe

Aus etwas übriggebliebenem Vorhangstoff oder sogar einem Tapetenrest können Sie diese Mappe gestalten, die als Sammelmappe, Erinnerungsalbum oder einfach als Ordner genutzt werden kann. Ich habe Baumwolldrillich verwendet, aber jeder andere Stoff mittlerer Stärke erfüllt denselben Zweck.

Endmaße der Stickerei:
33,6 × 22,9 cm

Material

30,5 × 43 cm Aidastoff (44 Fäden/10 cm)
2 Drillichstücke, jeweils 43 × 56 cm
2 Filzstücke, rot, jeweils 30,5 × 43 cm
2 m Wolle oder Band für Verschlußbänder
1 m Band zum Befestigen des Papiers, 12 mm breit
2 Stücke steifer Karton, jeweils 34,25 × 47 cm
1 Blatt Papier, 29 × 42 cm
Klebstoff auf Gummibasis
weißes Nähgarn
Nadel für Stickwolle Nr. 8
Locher
Bleistift

Anchor Sticktwist (mehrfädig):

1 Strang schwarz (403)
1 Strang grau (233)
1 Strang rehbraun (362)
1 Strang gelb (291)
2 Stränge blau (131)
1 Strang hellblau (168)
1 Strang rot (334)
1 Strang braun (936)
1 Strang fleischfarben (868)
1 Strang türkis (410)
1 Strang hellgrün (279)
1 Strang grün (256)
1 Strang rosa (894)
1 Strang weiß (1)
1 Strang grünblau (203)

Anleitung

Nachdem Sie die Mitte von Zählmuster und Stoff markiert haben, beginnen Sie von hier aus die Stickerei mit drei Fäden in der Nadel. Zum Schluß fügen Sie die im Zählmuster angegebenen Details mit geraden Stichen und in den entsprechenden Farben hinzu.

Dann beziehen Sie die Rückseite eines Kartonteils mit Drillich und kleben den überstehenden Rand nach innen um. Mit der fertigen Rückseite als Orientierungshilfe, stecken Sie das Sticktuch mit Nadeln in der Mitte des zweiten Drillichstücks fest und falten ringsum 12 mm Saum nach hinten. Dann wird die Stickerei auf den Drillich genäht und anschließend als Einband für die zweite Kartonhälfte verwendet.

Aus Wollresten drehen Sie vier jeweils 28 cm lange Kordeln. Zwei davon werden mit oben und unten je 15,25 cm Abstand an die Innenseite des Rückendeckels geklebt, die anderen beiden mit oben und unten je 12,7 cm Abstand auf die Innenseite des vorderen Deckels. Nun kleben Sie die beiden roten Filzstücke auf die Innenseiten der Deckel.

Jetzt lochen Sie das Blatt Papier an der linken Seite und legen es in Ihre Mappe. Auf der Rückseite zeichnen Sie mit Bleistift die beiden Löcher an. Nun kleben Sie das Band genau über und mit seiner Mitte zwischen die angezeichneten Löcher; die Enden bleiben frei (siehe Zeichnung unten). Um das Band in dem Abschnitt zwischen den beiden Löchern zu befestigen, kleben Sie einen Streifen steife Pappe darüber. Zuletzt ziehen Sie die Bandenden durch das gelochte Papier und binden eine Schleife.

Das Zählmuster für die Mappe finden Sie auf S. 62-63.

Innenseite des Rückendeckels
Kleben Sie zur Befestigung einen Pappstreifen über das Band.

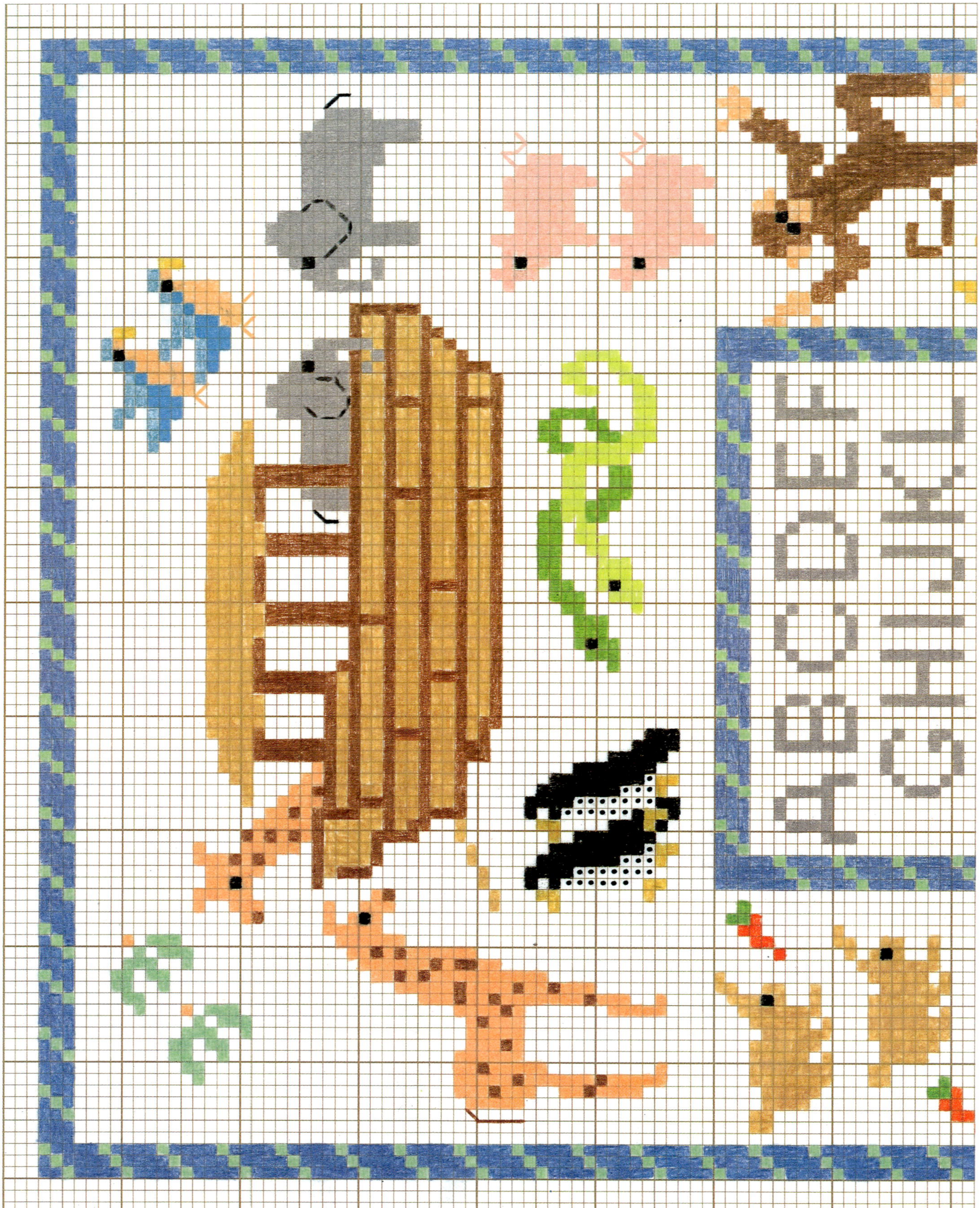
ABCDEF

'Arche Noah'-Türschild

Diese schmale Kreuzstickerei kann zum Beispiel als Türschild dienen, wenn ein geeigneter Plexiglas-Schutz dafür gefunden wird. Mit Fransen wird daraus ein Lesezeichen, und warum nicht das Papageienpaar durch den Namen Ihres Kindes ersetzen? Vielleicht wollen Sie aber auch Ihre Lieblingstiere in die einzelnen Felder setzen.

Endmaße der Stickerei:
24 × 5,9 cm

Material
29,2 × 7,5 cm Aidastoff (56 Fäden/10 cm)
1 Plexiglas-Türschild
Nadel für Stickwolle Nr. 8
1 Stück Karton
Klebstoff

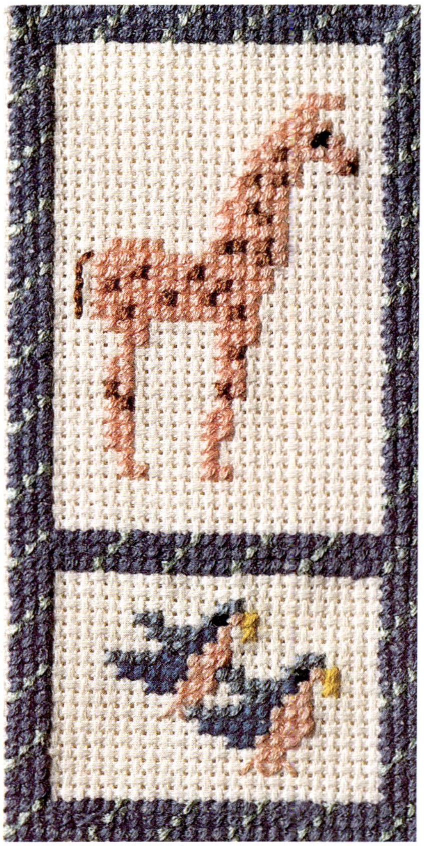

Anchor Sticktwist (mehrfädig):

1 Strang grau (233)
1 Strang gelb (291)
1 Strang blau (131)
1 Strang hellblau (168)
1 Strang grünblau (203)
1 Strang braun (936)
1 Strang fleischfarben (868)
1 Strang türkis (410)
1 Strang schwarz (403)
1 Strang rot (334)
1 Strang grün (256)

Anleitung
Markieren Sie auf Zählmuster und Aidastoff den Mittelpunkt, und sticken Sie das Motiv durchgehend mit drei Fäden in der Nadel. Den Angaben im Zählmuster folgend, fügen Sie zum Schluß die Details mit geraden Stichen ein. Die fertige Stickerei wird auf einen Kartonstreifen in der Größe des Türschildes aufgezogen, wobei Sie den überstehenden Stoffrand auf der Rückseite festkleben. Beachten Sie auch die Hinweise des Türschildherstellers.

'Arche Noah'- Bleistifthalter

Diesen praktischen Bleistifthalter kann man an die Wand hängen oder zusammengefaltet als Mäppchen benutzen. Ich habe für all diese Projekte den gleichen Drillich verwendet. Selbstverständlich können Sie aber auch einen passenden einfarbigen Stoff verarbeiten.

Endmaße der Stickerei:
29,2 × 11,5 cm

Material
34,3 × 16,5 cm Aidastoff (56 Fäden/10 cm)
55,8 × 35,5 cm Baumwolldrillich oder anderer Stoff mittlerer Stärke
passendes Nähgarn
Nadel für Stickwolle Nr. 8
2 selbstklebende Klettverschlüsse

Anchor Sticktwist (mehrfädig):

- *1 Strang schwarz (403)*
- *1 Strang grau (233)*
- *1 Strang rehbraun (362)*
- *1 Strang gelb (291)*
- *2 Stränge blau (131)*
- *1 Strang hellblau (168)*
- *1 Strang rot (334)*
- *1 Strang braun (936)*
- *1 Strang fleischfarben (868)*
- *1 Strang türkis (410)*
- *1 Strang hellgrün (279)*
- *1 Strang grün (256)*
- *1 Strang rosa (894)*
- *1 Strang weiß (1)*
- *1 Strang blaugrün (203)*

Anleitung
Markieren Sie im Zählmuster und auf dem Aidastoff die Mitte. Von dort aus sticken Sie das Kreuzstichmotiv mit drei Fäden in der Nadel und fügen zum Schluß die im Zählmuster angegebenen geraden Stiche hinzu. Die fertige Stickerei legen Sie erst einmal beiseite.

Nun säumen Sie an allen Seiten den Drillich 12 mm breit nach hinten ein. Von der Unterseite aus klappen Sie den Stoff etwa 16,5 cm nach oben, wodurch die Tasche gebildet wird. Dann stecken Sie die Stickerei auf der Vorderseite der Tasche fest und falten auch hier den übrigen Aidastoff nach hinten um; dabei sollte ringsum ein etwa 12 mm breiter Rand stehenbleiben. Dann nähen Sie Seiten- und Unterkante der Stickerei an der Stofftasche fest.

Um drei getrennte Einschübe für Bleistifte, Füller etc. zu erhalten, nähen Sie von der Oberkante der Stickerei zwei kurze senkrechte Nähte ab. An der Oberkante der Stofftasche wird ein 5 cm breiter Saum nach hinten genäht, in den ein Lineal gesteckt werden kann. Abschließend werden zwei Klettstücke an der Rückseite des Bleistifthalters, die Gegenstücke an der gewünschten Stelle auf der Wand, festgeklebt.

'Arche Noah'-Jalousie

Nichts ist einfacher, als eine Jalousie anzufertigen oder eine bereits vorhandene mit einer Bordüre zu dekorieren. Einfarbige Jalousien können Sie sehr günstig fertig kaufen. Alternativ wäre diese Randbordüre als Besatz für ein Regalbord oder auf dem Volant eines Vorhangs ein reizvolles Motiv.

Endmaße der Stickerei:
53,3 × 6,3 cm

Material

Aidastoff (44 Fäden/10 cm), Maße: Breite × Höhe Ihres Fensters (mindestens 66 × 14,6 cm)
Baumwolldrillich oder anderer schwerer Baumwollstoff, Maße: Breite × Höhe Ihres Fensters plus 12,7 cm (mindestens 66 × 14,6 cm)
Nadel für Stickwolle Nr. 8
Holzleiste, etwas breiter als die Jalousie
kurzes Schnurstück in passender Farbe
1 Dekoperle

Anchor Sticktwist (mehrfädig):

1 Strang schwarz (403)
1 Strang grau (233)
1 Strang rehbraun (362)
1 Strang gelb (291)
1 Strang hellblau (168)
1 Strang rot (334)
1 Strang braun (936)
1 Strang fleischfarben (868)
1 Strang türkis (410)
1 Strang hellgrün (279)
1 Strang grün (256)
1 Strang rosa (894)
1 Strang weiß (1)
1 Strang blaugrün (203)

Anleitung

Nachdem Sie vorher den Mittelpunkt von Zählmuster und Aidastoff angezeichnet haben, beginnen Sie, durchgehend mit vier Fäden in der Nadel zu sticken. Gerade Stiche ergänzen Sie nach den Angaben im Zählmuster.

Wenn die Stickerei fertig ist, drehen Sie den Drillich um und säumen die Längsseiten Ihrer Jalousie ein. Danach drehen Sie den Stoff wieder um und nähen an der Oberkante einen Saum ab, der breit genug für eine etwa 2,5 cm breite Holzleiste ist. Auch an der Unterkante werden etwa 5 cm eingesäumt. Nähen Sie die Stickerei vorsichtig mit Rückstichen oder Maschinen-Steppstich auf die Jalousie. Unten ziehen Sie eine Schnur in der Mitte der Jalousie durch, auf welche die Perle gefädelt und mit einem Knoten befestigt wird.

abc
defg
hijkl
mno
pqrstuvwxyz

Badezimmer

'MUSCHEL'-BADEZIMMER

Mit ihren Perlmuttfarben und interessanten Formen sind Muscheln eine beliebte Quelle der Inspiration für Stickerei und Innenausstattung. Durch Tapeten, Stoffe, Bordüren und Muster, als Kontrast oder im harmonischen Zusammenklang eingesetzt, kann ein reizvolles Thema für ein Badezimmer geschaffen werden. Wenn Sie Ihr Bad außerdem mit echten Muscheln in flachen Körben oder Glasflaschen schmücken, setzen Sie damit einen zusätzlichen dekorativen Akzent.

Für die folgenden Entwürfe habe ich bewußt sanfte Rosa- und Cremetöne gewählt, die man gewöhnlich mit Muscheln assoziiert, und die abstrakten Formen passen gut zu einer modernen Einrichtung. Falls Sie eher an eine feinere Ausführung denken, sticken Sie die Motive auf feineres Tuch oder Leinen und arbeiten mit einer Palette unterschiedlichster Creme- und Goldtöne. Womöglich wird die Farbpalette auch durch eine Tapete oder die Fliesen bestimmt, entscheidend ist jedoch, daß Sie Ihr stickerisches Können einsetzen, um dem Badezimmer geschmackvolle Accessoires hinzuzufügen.

'Muschel'-Spiegelrahmen

Ich konnte nicht widerstehen, für diesen Spiegelrahmen auch ein spiegelbildliches Kreuzstichmotiv zu verwenden. Einen zusätzlichen Akzent könnten Sie setzen, indem Sie hier und da mit glitzerndem Garn sticken oder echte Muscheln auf den Rand oder die Oberkante des Motivs kleben. So wirkt der Rahmen dreidimensional. Hübsche Spiegelrahmen haben den Vorteil, daß Sie sich einfach besser fühlen – besonders am frühen Morgen.

Endmaße der Stickerei:
22,25 × 22,9 cm

Material

30,5 × 30,5 cm Aidastoff (44 Fäden/10 cm)
2 Stücke Karton zum Bespannen, jeweils 23,4 × 21,6 cm
23,4 × 21,6 cm Polyester-Wattierung
1 Blatt Papier, 25,4 × 24 cm
Bleistift
Klebstoff auf Gummibasis
1,5 m farbige Kordel für den Rand
1 Spiegelkachel, mindestens 11,5 × 11,5 cm
Sticknadel Nr. 24
Papierschneidemesser oder Cutter

Anchor Sticktwist (mehrfädig):

2 Stränge rosa (894)
2 Stränge hellrosa (868)
1 Strang silber (234)
1 Strang türkisblau (168)
1 Strang helltürkis (167)
1 Strang gold (362)
1 Strang gelb (295)
1 Strang dunkelgrau (233)
1 Strang weiß (1)

Anleitung

Markieren Sie auf Ihrem Aidastoff und im Zählmuster die Mitte. Von dort aus zählen Sie nach oben, um einen geeigneten Anfang für Ihre Stickerei zu finden. Sticken Sie das Motiv durchgehend mit drei Fäden in der Nadel.

Danach falten Sie das Papier in Längsrichtung. Anhand der unten gezeigten Schablone zeichnen Sie nun, am Falz anliegend, einen Halbbogen für den Spiegelausschnitt auf und schneiden die Rahmenform aus. Mit dieser Schablone übertragen Sie den äußeren Umriß auf beide Kartonteile und schneiden diese aus. Bei einem Kartonteil schneiden Sie, wie beim Papier, den Spiegelausschnitt aus. Dann wird die Polyester-Wattierung in dieselbe Form geschnitten und auf den Karton mit dem Fensterausschnitt geklebt.

Auch Ihre Stickerei legen Sie nun darüber und kleben sie vorsichtig mit dem nach hinten umgefalteten Rand an der Rückseite des Kartons fest. Jetzt schneiden Sie die Mitte des verbliebenen Aidastoffs mit dem Messer aus und lassen einen 12 mm breiten Rand stehen, der wiederum nach hinten geklebt wird. Kleben Sie den Spiegel in die Mitte des Kartons für die Rückseite, und achten Sie darauf, daß er mit der Öffnung vorne übereinstimmt. Abschließend werden die Kartonhälften aufeinander- und die Kordel vorsichtig um die Innen- und Außenkante geklebt.

Das Zählmuster für den 'Muschel'-Spiegelrahmen finden Sie auf S. 76-77.

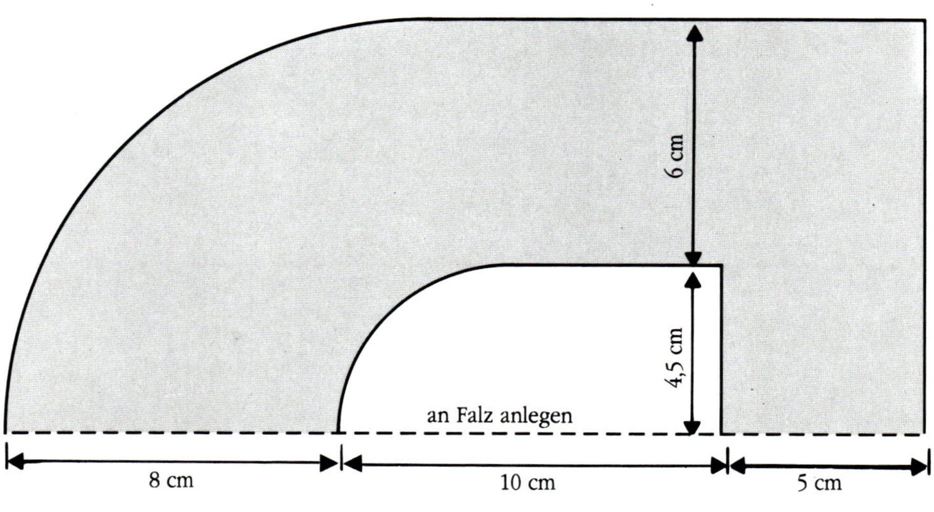

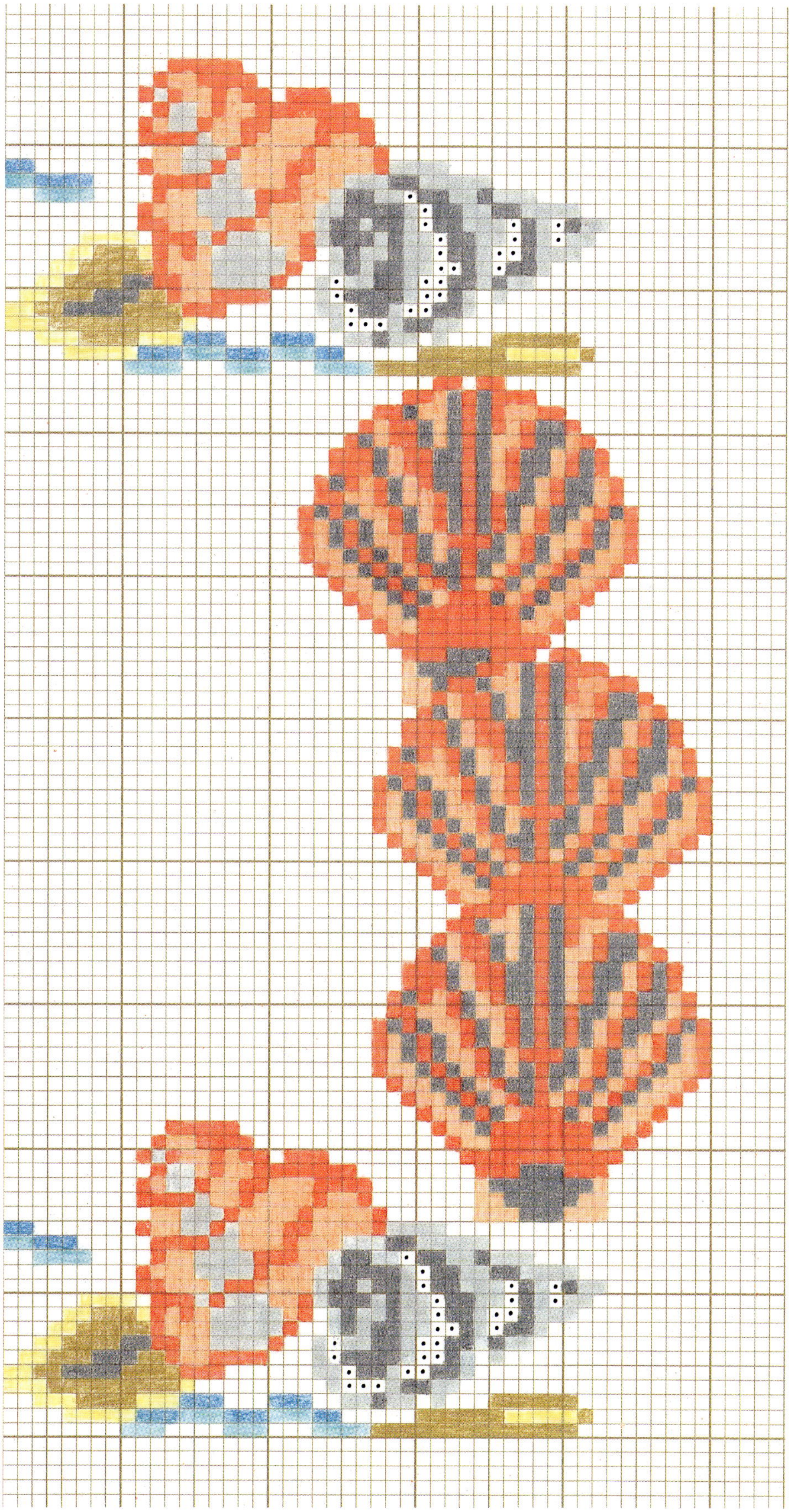

'Muschel'-Gästehandtuch

Mittlerweile führen zahlreiche Handarbeitsgeschäfte und Warenhäuser Handtücher mit Aida-Streifen für Kreuzstickerei. Falls Sie ein einfarbiges Handtuch besticken möchten, schneiden Sie einfach einen Aida-Streifen in der gewünschten Länge und Breite (plus 12 mm Saumzugabe auf allen Seiten) zu, sticken darauf Ihr Motiv und nähen ihn dann eingesäumt auf das Handtuch. Statt einer Bordüre können Sie natürlich auch Einzelmotive auf Straminquadraten in der oben beschriebenen Weise auf das Handtuch nähen. Für ein ganz persönliches Geschenk sind gestickte Initialen eine gute Idee.

Endmaße der Stickerei:
17,1 × 7 cm

Material

1 Gästehandtuch mit Aida-Streifen (56 Fäden/10 cm) oder ein Aida-Streifen in passender Länge
Sticknadel Nr. 24

Anchor Sticktwist (mehrfädig):

1 Strang stahlgrau (233)
1 Strang grau (231)
1 Strang hellbraun (374)
1 Strang weiß (1)
1 Strang gold (362)
1 Strang helltürkis (167)
1 Strang türkis (168)
1 Strang hellrosa (868)
1 Strang rosa (894)
1 Strang silber (234)

Anleitung

Nachdem Sie den Mittelpunkt von Zählmuster und Aidastoff markiert haben, sticken Sie das Motiv, von diesem Punkt aus, durchgehend mit drei Fäden in der Nadel.

'Muschel'-Schminktasche

Diese Tasche für Schmink- oder Badezimmer-Utensilien kann entweder aufgehängt, oder zusammengefaltet auf Reisen mitgenommen werden. Ich habe dafür ein Gästetuch in Standardgröße verwendet und ein Straminstück aus weicher Baumwolle bestickt. Zum Schluß werden die dekorativen echten Muscheln hinzugefügt.

Material

1 pfirsichfarbenes Handtuch, 45,7 × 83,8 cm
38 × 30,5 cm Stramin (24 Fäden/10 cm)
1 Spule Kreinik Goldgarn
Nähgarn
Sticknadel Nr. 23
10 Muscheln
Klebstoff
Häkelnadel

Anchor Stickgarn:

1 Strang grau (398)
1 Strang butterfarben (386)
1 Strang braun (667)
1 Strang hellblau (168)
1 Strang schiefergrau (235)
1 Strang rosarot (895)
1 Strang hellrosa (892)
1 Strang silber (397)

Anleitung

Markieren Sie im Zählmuster und auf dem Stramin den Mittelpunkt. Von hier aus sticken Sie das Muster für alle Farben mit jeweils einem Faden in der Nadel, außer beim hellrosa Garn (892), das Sie mit einem Goldfaden kombinieren. Der Großteil des Motivs ist in Kreuzstich angelegt, nur an den im Zählmuster angegebenen Stellen sticken Sie mit Sternstich (siehe Zeichnungen unten).

Wenn die Stickerei fertig ist, schneiden Sie 15,25 cm lange Stickgarnstücke zurecht und legen sie jeweils über die Innenseite der Muschel. Die gleichlangen Garnenden hängen lose über. Geben Sie einen dünnen Strang Klebstoff über Muschel und Stickgarn, und lassen Sie alles trocknen. Dann verteilen Sie die Muscheln, wie auf dem Foto zu sehen, und ziehen die Garnenden durch die nächstliegenden Löcher. Machen Sie auf der Rückseite einen festen Knoten, und schneiden Sie die überstehenden Enden ab.

Fertigstellen

Nehmen Sie die fertige Stickerei zur Hand, und falten Sie einen 12 mm breiten Saum nach hinten. Dann legen Sie die Arbeit mittig an der Unterkante Ihres Handtuchs an und nähen sie dort mit der Hand oder der Maschine fest. Nun legen Sie das Handtuch, mit der Rückseite nach oben, vor sich hin und falten es am freien Ende zu einer 30,5 cm tiefen Tasche. Säumen Sie die Seitenkanten ein, und setzen Sie, im Abstand von je 15,25 cm, zwei Nähte für die drei Fächer, in denen Sie Ihre Utensilien verstauen können. Die beiden verbliebenen Muscheln verwenden Sie als Verschlüsse und befestigen sie, etwa 2,5 cm von der Unterkante entfernt, auf den beiden Mittelnähten, indem Sie die Garnenden durch das Handtuch führen und verknoten. Mit der Häkelnadel und zwei Garnstücken (siehe S. 164) häkeln Sie zwei etwa 5 cm lange Ketten, die am anderen Ende des Handtuchs als Schlaufen (zu den Muschelknöpfen) befestigt werden. Zwei weitere gehäkelte Schlaufen werden auf der Höhe der Oberkante der Stickerei am Handtuch angebracht. Damit können Sie die Tasche, zum Beispiel an einer dünnen Holzstange, an der Badezimmerwand aufhängen.

Der Sternstich wird über ein Feld von neun Löchern angelegt, wobei die Nadel, immer von der Mitte ausgehend, in die benachbarten Löcher und wieder zurück geführt wird.

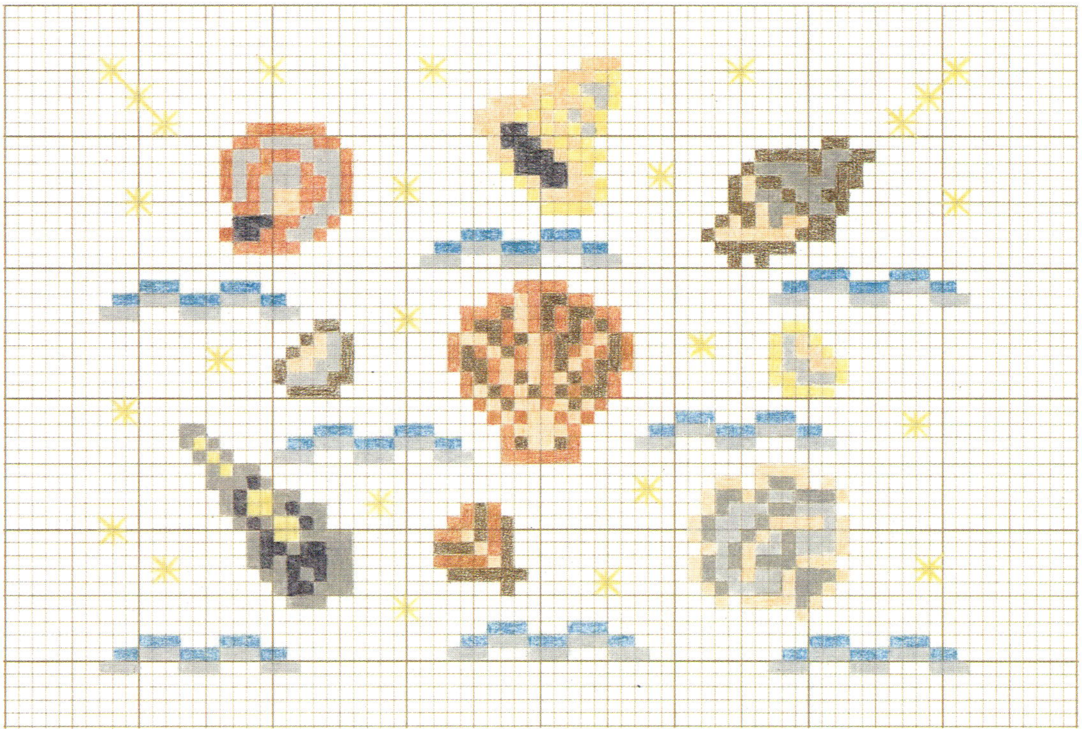

‘Muschel’-Bilderrahmen

Wenn Sie nicht gleich aufs Ganze gehen und den gesamten Bilderrahmen mit seinen Streifen sticken wollen, können Sie auch lediglich das Motiv auf Stickpapier in Kreuzstich ausarbeiten, den Rahmen mit gestreiftem Stoff überziehen und die ausgeschnittene Stickerei in die Ecke kleben. Um das Ganze noch interessanter zu machen, könnten Sie einige Muscheln auf die Kante des Rahmens kleben oder ein bis zwei Herzmuscheln in die Stickerei integrieren.

Endmaße der Stickerei:
25,4 × 22,9 cm

Material

30,5 × 28 cm Aidastoff (56 Fäden/10 cm)
2 Stücke Karton zum Beziehen, jeweils 25,4 × 22,9 cm
Nadel für Stickwolle Nr. 8
Klebstoff auf Gummibasis
Papierschneidemesser oder Cutter
Bleistift

Anchor Sticktwist (mehrfädig):

- *1 Strang grau (233)*
- *1 Strang hellgrau (234)*
- *1 Strang gelb (295)*
- *1 Strang gold (362)*
- *3 Stränge blaßgelb (292)*
- *3 Stränge türkisblau (168)*
- *1 Strang hellrosa (868)*
- *1 Strang rosa (894)*
- *1 Strang weiß (1)*

Anleitung

Zählen Sie von rechts 14 Löcher einwärts und von der Unterkante 14 Löcher nach oben. Der gesamte Rahmen wird in Kreuzstich mit zwei Fäden in der Nadel gestickt. Dann schneiden Sie das Mittelstück des Aidastoffs mit 12 mm Randzugabe aus. Schneiden Sie vorsichtig die Ecken ein, und falten Sie die Ränder nach hinten um, so daß eine saubere Kante entsteht. Legen Sie Ihre Stickerei so auf eines der Kartonteile, und umreißen Sie das innere Rechteck mit dem Bleistift. Mit dem Cutter schneiden Sie die entstandene Form aus dem Karton aus. Jetzt falten Sie die Stoffränder über den Karton nach hinten und kleben sie auf der Rückseite fest. Achten Sie darauf, daß sich die Streifen dabei nicht verziehen. Den fertigen Rahmen kleben Sie an drei Seiten (unten und seitlich) auf das zweite Kartonstück. Die Oberkante bleibt offen, damit Sie ein Foto hineinstecken können.

Das Zählmuster für den ‘Muschel’-Bilderrahmen finden Sie auf S. 84-85.

AMERIKANISCHES 'FOLKLORE'-BADEZIMMER

Wir haben vieles, wofür wir den Hausfrauen im ländlichen Nordamerika des 18. und 19. Jahrhunderts dankbar sein können. Sie haben uns nicht nur einen zeitlosen und praktischen Dekorationsstil gelehrt. Die Methoden, welche sie dabei einsetzten, haben seither Handwerker in vielen Bereichen inspiriert.

Die kühnen Farben und stilisierten Motive, typisch für diese Gesellschaft, reichen von selbstgewebtem Patchwork bis hin zu handbemalten Möbeln. Sie haben auch unser Zuhause freundlicher gemacht und uns mit ihrem einfachen Ansatz gezeigt, daß das angestrebte Ziel nicht außerhalb unserer Möglichkeiten liegt.

Vögel und Blumen in kräftigen Farben sowie andere traditionelle Folkloremotive sind in ihrer Darstellung eigentümlich universell. Viele ähnliche Motive finden sich beispielsweise in Arbeiten aus dem osteuropäischen, asiatischen und sogar australischen Raum. Aber es waren wohl die Siedler Nordamerikas, die diese Motive in einer Art interpretierten, die uns mit ihrem Lebensgefühl und Stil bis heute anspricht.

abc
defg
hijkl
mno

Amerikanisches 'Folklore'-Stickmustertuch

Dieser erste Entwurf soll zeigen, wie Einzelmotive und Bordüren geübt und gleichzeitig zu einer schlichten Komposition arrangiert werden können, die es durchaus wert ist, als Bild gerahmt zu werden. Wenn es Ihre kreativen Instinkte sind, die Sie dazu bewegen zu sticken, lassen Sie ihnen freien Lauf, und bannen Sie einfache Motive in den Farben Ihrer Wahl auf das Stickleinen. Beginnen Sie mit einem einzelnen Motiv, vielleicht einem Vogel oder einer Blume, und wiederholen Sie dieses dann an verschiedenen Stellen, zum Beispiel in anderen Farben oder beliebig gespiegelt. Sticken Sie dazu noch eine Bordüre in kräftigen, freundlichen Farben sowie ein Alphabet Ihrer Wahl, und schon haben Sie einen echten Blickfang für Ihr Zimmer geschaffen und ein Objekt, das eindeutig Ihre Handschrift trägt. Das vorgestellte Stickmustertuch ist nur als Anregung gedacht, um Ihre Phantasie zu beflügeln.

Endmaße der Stickerei:
30,5 × 29,2 cm

Material
38 × 45,75 cm Aidastoff
(56 Fäden/10 cm)
Sticknadel Nr. 24

Anchor Sticktwist (mehrfädig):

- *1 Strang gelb (298)*
- *1 Strang türkis (410)*
- *1 Strang grün (227)*
- *1 Strang rot (29)*
- *1 Strang rosa (85)*
- *2 Stränge magenta (89)*
- *1 Strang blau (118)*

Anleitung
Markieren Sie in Ihrem Zählmuster und auf dem Aidastoff die Mitte. Mit drei Fäden in der Nadel sticken Sie durchgehend in Kreuzstich. Die fertige Stickerei rahmen Sie (siehe Techniken S. 161) ganz nach Ihrem Geschmack, aber: schlicht bleiben!

Amerikanisches 'Folklore'-Kästchen

Dieses Kästchen ist ideal für Sammler kleiner Kostbarkeiten. Im Badezimmer könnten Muscheln, Korallen oder Kiesel darin ihren Platz finden oder vielleicht auch eine Kollektion kleiner Pillendosen. Der Mittelteil ist mit besticktem Leinen ausgekleidet – eine Idee, die selbstverständlich auf jedes Möbelstück mit einer ebenen Fläche, die danach lechzt, verziert zu werden, übertragbar ist. Ziehen Sie einfach Ihre Stickerei auf dünnen Karton auf, und kleben Sie sie auf.

Maße des Mittelteils:
8,9 × 8,9 cm
Endmaße der Stickerei:
7,5 × 7,5 cm

Material

1 Miniatur-Kästchen oder Setzkasten
12,7 × 12,7 cm feines Leinen (128 Fäden/10 cm)
dünner Karton
Klebstoff
Nadel für Stickwolle Nr. 8

Anchor Sticktwist (mehrfädig):

1 Strang gelb (298)
1 Strang türkis (410)
1 Strang grün (227)
1 Strang rot (29)
1 Strang rosa (85)
1 Strang magenta (89)

Anleitung

Wieder markieren Sie in Ihrem Zählmuster und auf dem Aidastoff die Mitte. Mit zwei Fäden in der Nadel sticken Sie dann von hier aus jeweils über zwei Leinenfäden. Wenn das Motiv fertig ist, ziehen Sie die Stickerei auf Karton auf und kleben sie auf das mittlere Feld des Kästchens.

Das Zählmuster für das amerikanische 'Folklore'-Stickmustertuch finden Sie auf S. 88-89.

abc
defg

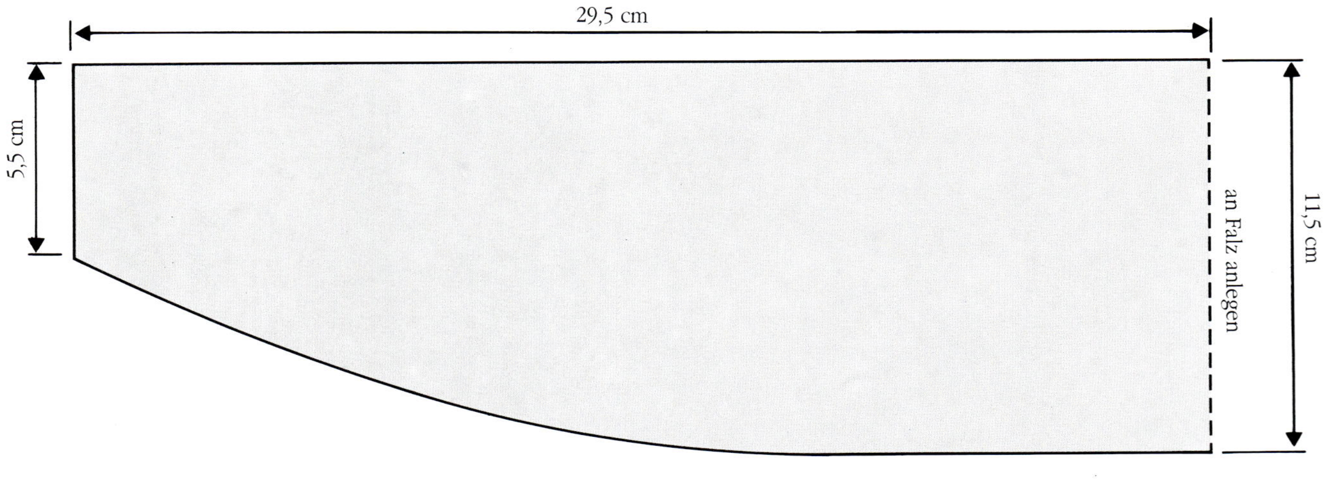
29,5 cm
5,5 cm
11,5 cm
an Falz anlegen

Amerikanisches 'Folklore'-Vorhangband

Dieses Bordürenmuster können Sie für viele verschiedene Projekte verwenden. Es eignet sich als Schmuckband an einer Jalousie, als Besatz für Regalfächer oder wäre auch – vertikal gearbeitet – als Dekor für einen Klingelzug denkbar. Die Länge können Sie durch Hinzufügen oder Weglassen von Bildelementen ganz Ihren Bedürfnissen anpassen.

Endmaße der Stickerei:
43 × 6,3 cm

Material

51 × 12,7 cm Aidastoff (44 Fäden/10 cm)
2 Stoffstücke für die Rückseite (hier: Baumwollchintz), jeweils 66 × 15,25 cm
61 × 10 cm Steifleinen
1 Blatt Papier
Bleistift
Sticknadel Nr. 24
kurzes Stück schmales Band für die Schlaufen

Anchor Sticktwist (mehrfädig):

1 Strang gelb (298)
1 Strang türkis (410)
1 Strang rot (29)
1 Strang rosa (85)
2 Stränge magenta (89)

Anleitung

Lassen Sie rechts, oben und unten einen unbestickten Rand von jeweils 2,5 cm. Sticken Sie durchgehend mit drei Fäden in der Nadel, dem Zählmuster entsprechend. Wiederholen Sie dieses Muster dreimal, und setzen Sie ans Ende den ersten acht Stiche breiten Block. Dann übertragen Sie die Schablone auf das Papier, falten den Steifleinen-Streifen längs und legen die Schablone, die kurze gerade Kante am Falz anliegend, darüber. Schneiden Sie zunächst die Form aus, danach, mit etwa 12 mm Saumzugabe auf allen Seiten, die beiden Stoffstücke. Das Steifleinen legen Sie nun zwischen die beiden Stoffteile, falten die überstehenden Ränder des Stoffs nach innen und stecken diese mit Nadeln fest. Per Hand oder Maschine nähen Sie nun alles zusammen, setzen aber zuvor noch zwei Bandschlaufen an den Schmalseiten ein. Dann wird die Stickerei mit nach innen gefalteten Kanten in der Mitte des Bands angesteckt und festgenäht.

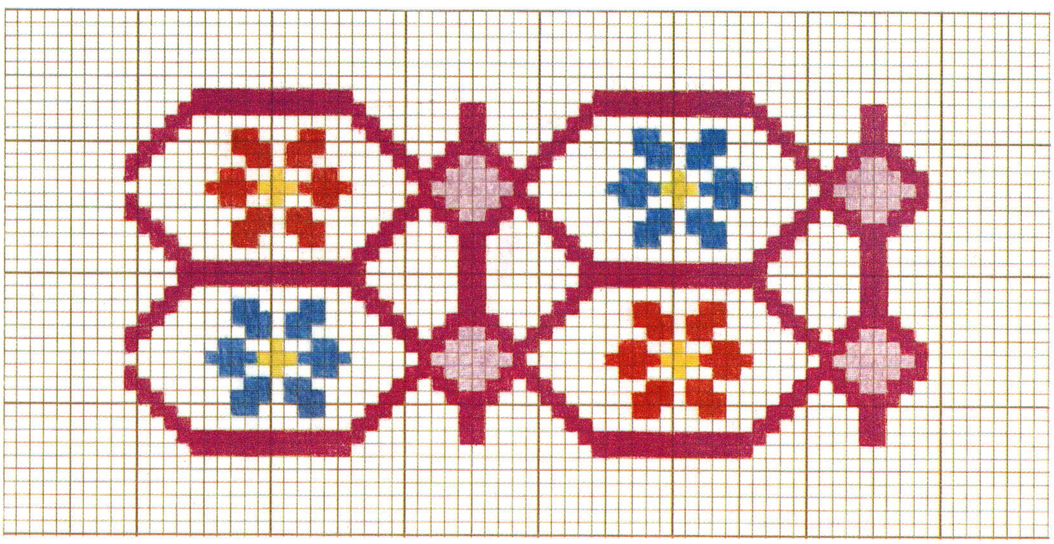

Amerikanische 'Folklore'-Hakenleiste

Diese Hakenleiste könnte an der Badezimmertür befestigt werden, um Bademäntel oder Handtücher daran aufzuhängen. Die Holzleiste mit den Haken kann man fertig kaufen. Um sie jedoch selbst anzufertigen, benötigen Sie lediglich eine 2,5 cm breite und 12 mm starke Holzleiste und einige hübsche Zierhaken.

Endmaße der Stickerei:
30,5 × 11,5 cm

Material
38 × 45,7 cm Aidastoff
(56 Fäden/10 cm)
40,6 × 28 cm türkisfarbener Filz
1 Stück Karton, 35,5 × 22,9 cm
1 Stück Karton, 33 × 14 cm
33 × 14 cm Polyester-Wattierung
Klebstoff auf Gummibasis
Sticknadel Nr. 24

Anchor Sticktwist (mehrfädig):

1 Strang gelb (298)
1 Strang türkis (410)
1 Strang grün (227)
1 Strang rot (29)
1 Strang rosa (85)
1 Strang magenta (89)
1 Strang blau (118)

Anleitung
Markieren Sie auf Ihrem Zählmuster und dem Aidastoff die Mitte. Von dort aus sticken Sie das Muster mit drei Fäden in der Nadel. Dann nehmen Sie das kleinere Stück Karton und kleben die Wattierung auf. Spannen Sie die Stickerei über den gepolsterten Karton, und kleben Sie die überstehenden Ränder auf der Rückseite fest. Genauso wird nun der Filz auf das zweite Kartonstück aufgezogen. Die aufgezogene Stickerei kleben Sie dann mit 2,5 cm Abstand nach oben mittig auf die filzbespannte Fläche.

Wenn Sie eine selbstgemachte Leiste verwenden, bohren Sie nun in gleichmäßigen Abständen Löcher für die Haken sowie zwei weitere an den Enden. Die fertige Leiste kleben Sie wieder mittig unter die Stickerei und schrauben die gesamte Hakenleiste an eine Wand oder Tür. Dafür verwenden Sie die beiden Bohrlöcher in der Holzleiste.

'TOILE DE JOUY'-BADEZIMMER

Die Bezeichnung "Toile de Jouy" stammt von Stoffen, die um 1770 in der Manufaktur von Jouy-en-Josas bei Versailles gefertigt wurden. Die Original-Stoffmuster wurden mit Kupferplatten auf indischen Kaliko gedruckt und zeigten oft pastorale Szenen oder Bildgeschichten. Der Erfolg der französischen Manufaktur war enorm, und 1806 nahm der Gründer, der deutschstämmige Christophe Philippe, zusammen mit seinem Bruder, in Frankreich eine Baumwollmühle in Betrieb.

Das Geschäft florierte weiter – nicht zuletzt aufgrund der "Industriespionage", welche die beiden Brüder anläßlich eines Besuchs in England im Jahre 1810 betrieben. Dort besuchten sie verschiedene Werkstätten und beschafften sich Informationen über die dortigen Maschinen. Durch einen Trick, nämlich mit Hilfe unsichtbarer Tinte, gelang es den beiden schließlich, die Informationen aus England herauszuschmuggeln. Toile de Jouy war mit Pflanzenstoffen gefärbt: Krapp für die roten Töne sowie Indigo und Waid für die blauen; daneben gab es andere Pflanzen für die weniger beliebten Farben. Viele der Bildthemen beruhen auf Ereignissen der Zeit und haben daher historische Bedeutung.

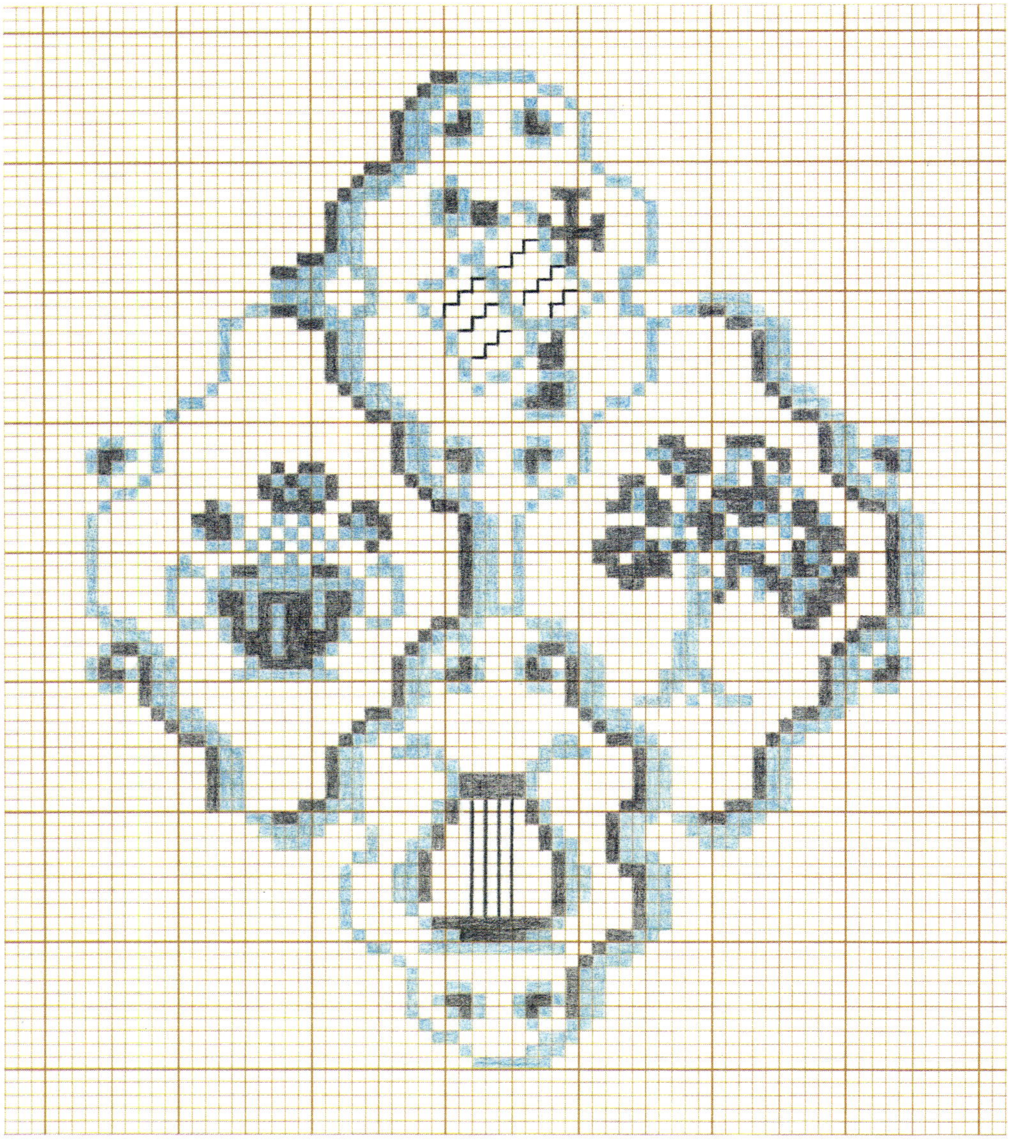

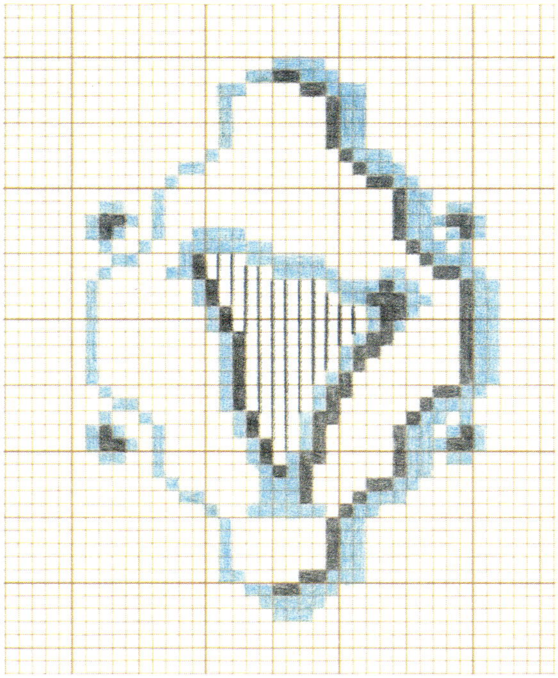

'Toile de Jouy'-Spiegel und -Bürste

Das abgebildete Set aus Spiegel und Bürste ist speziell für Stickereien gemacht, aber bestimmt finden Sie auf einem Flohmarkt oder einer Auktion eine alte Garnitur. Auch Parfümflaschen mit Silberverschluß oder Kristallgläser gibt es mit für Stickereien vorgesehenen Feldern zu kaufen. Gemeinsam schaffen sie attraktive Gestaltungsmöglichkeiten für ein elegantes "Boudoir".

Wenn Sie einen Spiegel oder eine Bürste mit interessanter Einfassung und flacher Rückseite gefunden haben, könnten Sie Ihre Stickerei auf Karton mittlerer Stärke aufziehen und festkleben. Es empfiehlt sich allerdings, das Muster auf feine Stoffe zu sticken, um ein Auftragen oder Knittern zu vermeiden.

Endmaße der Stickerei:
Spiegel 12,7 × 10 cm
Bürste 6,3 × 5 cm

Material

Silberbürste und -spiegel als Set. In vielen gut sortierten Handarbeitsgeschäften als Garnitur mit zusätzlichem Kamm erhältlich.
Für den Spiegel:
17,8 × 19 cm feines Leinen (128 Fäden/10 cm)
Für die Bürste:
12,7 × 15,25 cm feines Leinen (128 Fäden/10 cm)
Nadel für Stickwolle Nr. 8
Karton

FÜR DEN SPIEGEL
Anchor Sticktwist (mehrfädig):

1 Strang blau (159)
1 Strang blaugrau (849)

FÜR DIE BÜRSTE
Anchor Sticktwist (mehrfädig):

1 Strang blau (159)
1 Strang blaugrau (849)

Anleitung

Markieren Sie auf Zählmuster und Leinen den Mittelpunkt. Dort beginnen Sie Ihr Motiv mit Kreuzstich und geraden Stichen, wie in den Zählmustern angegeben. Sticken Sie mit zwei Fäden in der Nadel und jeweils über zwei Leinenfäden. Wenn die Stickerei fertig ist, säumen Sie die Ränder und ziehen sie, entsprechend der Hinweise des Herstellers, auf Karton auf.

'Toile de Jouy'-Kerzenschirm

Dieser Kerzenschirm wurde speziell darauf ausgelegt, Stickereien zu präsentieren und besonders zur Geltung zu bringen. Hier zeigt sich, wie viele durchaus ungewöhnliche Gegenstände durch Ihre Kreuzstickerei verzaubert werden können. Besondere Freude hatten die Stickerinnen, die für dieses Buch gearbeitet haben, mit den 'Toile de Jouy'-Projekten in diesem Abschnitt.

Obwohl sie auf feinem Leinen ausgeführt werden, wozu gutes Licht erforderlich ist, reduziert sich die mühselige Kleinarbeit, weil nur zwei Farben verwendet werden. Trotzdem sind die Resultate erstaunlich.

Wenn Sie gern feine Stickarbeiten anfertigen, könnten Sie diese Felder zu einem Stickmustertuch oder Kaminschirm zusammenfügen. Umgekehrt spricht aber auch nichts dagegen, gröbere Stoffe zu verwenden, um den Arbeitsprozeß zu beschleunigen.

Endmaße der Stickerei:
8,9 × 7 cm

Material
Kerzenschirm
17,8 × 15,25 cm feines Leinen (128 Fäden/10 cm)
Nadel für Stickwolle Nr. 8

Anchor Sticktwist (mehrfädig):

- *1 Strang moosgrün (843)*
- *1 Strang dunkel-moosgrün (681)*

Anleitung
Markieren Sie den Mittelpunkt von Zählmuster und Stickgrund, und sticken Sie mit zwei Fäden in der Nadel von dort aus das Zählmuster mit Kreuzstichen und geraden Stichen. Nach Fertigstellung ziehen Sie das Motiv nach den Anweisungen des Herstellers auf und befestigen es im Kerzenschirm.

'Toile de Jouy'-Gästehandtuch

Dieses Leinenhandtuch in sanftem Elfenbein bildet den perfekten Untergrund für die zarten Rosatöne in dem hier gezeigten Muster. Die Handtücher können fertig mit Fransen gekauft werden, oder Sie verwenden ein Baumwoll-Gästehandtuch und sticken das Muster auf einen Straminrest. Das von mir verwendete Leinen hat 104 Fäden/10 cm und sollte jeweils über zwei Fäden mit Kreuzstichen bestickt werden. In der Breite sind Sie durch Weglassen oder Hinzufügen von Rauten variabel, beispielsweise dann, wenn Sie das Muster für eine Vorhangborte oder ein Vorhangband verwenden wollen. Auch könnten Sie die Rauten vertikal statt horizontal aneinanderreihen und so einen Klingelzug verzieren.

Endmaße der Stickerei:
30,5 × 12 cm

Material
1 Leinen-Gästehandtuch, 38 cm breit
Nadel für Stickwolle Nr. 7

Anchor Sticktwist (mehrfädig):

3 Stränge hellrosa (893)
3 Stränge rosa (895)

Anleitung
Markieren Sie die Mitte Ihres Zählmusters und die des Handtuchs, wobei Sie etwa 5 cm unbestickten Rand berücksichtigen. Sticken Sie dann, wie im Zählmuster angegeben, mit Kreuzstichen und geraden Stichen, und arbeiten Sie mit drei Fäden in der Nadel über jeweils zwei Stofffäden. Aus Linda-Stoff, der in zahlreichen Farben und Webdichten erhältlich ist, können Sie das Handtuch auch selbst anfertigen. Um jedoch die Eleganz dieser Arbeit nicht zu schmälern, empfehle ich, die Kanten von Hand zu rollieren.

XYZ
M

Schlafzimmer

'BLUMEN UND SPITZE'- SCHLAFZIMMER

Mit diesen hübschen Blumenmotiven können Sie ein ganz in Spitze gehaltenes Schlafzimmer verschönern. Die gezeigten Kissenbezüge und die Tagesdecke eignen sich mit ihren eigens dafür vorgesehenen Feldern hervorragend für Stickereien, und Sie können so viele oder wenige Blumen sticken, wie es Ihnen gefällt. Spitzenbesetzte Textilien in allen Variationen finden Sie aber auch auf Auktionen, Flohmärkten oder Basaren. Vielleicht setzen Sie auch nur ein einzelnes Wildblumenmotiv in die Ecke Ihres Kissens oder mehrere Blümchen über den Aufschlag Ihres Bettbezugs.

Tagesdecke mit Spitze

Diese romantische Tagesdecke ist ein Blickfang für jedes Schlafzimmer. Wie viele Felder Sie besticken, bleibt Ihrem Geschmack überlassen.

Endmaße der Stickereien:
etwa 3,8 × 3,8 cm

Material

Tagesdecke mit Spitze und Feldern, etwa 183 × 229 cm
42 Straminstücke (60 Fäden/10 cm), jeweils 6,3 × 6,3 cm
Nähgarn in Kontrastfarbe zum Heften
Nadel für Stickwolle Nr. 8
Pinzette

Anchor Sticktwist (mehrfädig):

1 Strang grün (258)
1 Strang violett (99)
1 Strang goldgelb (305)
1 Strang blau (117)
1 Strang gelb (298)
1 Strang rot (29)
1 Strang fliederfarben (85)
1 Strang rosa (894)
1 Strang blau (118)
1 Strang korallenrot (10)
1 Strang blau (131)

Anleitung

Sie arbeiten über die Breite der Tagesdecke und stecken oder heften die quadratischen Straminstücke auf die Baumwollfelder und zwar von rechts nach links in folgender Anordnung:
Reihe 1: Belegt werden das erste Feld, dann jeweils in Folge die beiden vierten Quadrate.
Reihe 2: das dritte Quadrat, dann jeweils die beiden vierten
Reihe 3 und alle weiteren ungeraden Reihen: wie Reihe 1
Reihe 4 und alle weiteren geraden Reihen: wie Reihe 2

Arbeiten Sie in dieser Folge, bis in jeder Reihe die Straminstücke aufgeheftet sind.

Mit zwei Fäden in der Nadel und jeweils über zwei Fäden des Stramins sticken Sie dann die Motive nach Zählmuster. Auch hier arbeiten Sie in festgelegter Reihenfolge: Rose, Lavendel, scharlachrote Pimpinelle, blaues Gänseblümchen, Glockenblume, Primel, Vergißmeinnicht, Stiefmütterchen. Nach diesen acht Motiven wiederholen Sie die Folge. Wenn alle vorgesehenen Felder bestickt sind, ziehen Sie mit der Pinzette die Straminfäden unter den Stickereien heraus. Legen Sie, dem Zählmuster entsprechend, die Details mit geraden Stichen (Rückstich) an.

Wildblumenkissen

Da für den Kissenbezug dieselben Motive verwendet werden, stellt er eine ideale Ergänzung zur Tagesdecke dar.

Endmaße der Stickereien:
etwa 3,8 × 3,8 cm

Material

Kissenbezug mit Spitze und Baumwollfeldern, 40,6 × 40,6 cm
16 Straminstücke (60 Fäden/10 cm), jeweils 6,3 × 6,3 cm
Nadel für Stickwolle Nr. 8
Pinzette

Anchor Sticktwist (mehrfädig):

- *1 Strang grün (258)*
- *1 Strang violett (99)*
- *1 Strang goldgelb (305)*
- *1 Strang blau (117)*
- *1 Strang gelb (298)*
- *1 Strang rot (29)*
- *1 Strang fliederfarben (85)*
- *1 Strang rosa (894)*
- *1 Strang blau (118)*
- *1 Strang korallenrot (10)*
- *1 Strang blau (131)*

Anleitung

Heften Sie die Straminstücke jeweils in die Mitte eines Baumwollfelds. Markieren Sie dann im Zählmuster die Mitte jedes Motivs, ebenso die Mitte des Stramins. Mit den acht verschiedenen Blumenmotiven werden nun acht Felder des Kissenbezugs bestickt. Anschließend wiederholen Sie die Folge für die zweiten acht Quadrate. Wenn alle Felder bestickt sind, ziehen Sie mit der Pinzette vorsichtig die Straminfäden unter der Stickerei heraus. Abschließend fügen Sie mit geraden Stichen (Rückstich) und zwei Fäden in der Nadel die Stiele hinzu, wie im Zählmuster angegeben.

'Rosen und Vergißmeinnicht'-Kissenbezug

Dieses Motiv aus kleinen Rosen und Vergißmeinnicht-Sträußchen ziert ein größeres Kissen mit Spitze. Ich habe auf jedes zweite Feld ein Sträußchen gesetzt, aber natürlich können Sie auch alle Quadrate besticken.

Oder Sie wählen auch hierfür ein Blumenmotiv aus dem vorhergehenden Vorschlag für den Kissenbezug aus (die Stiefmütterchen oder Primeln würden sich gut eignen) und setzen es auf jedes zweite Feld.

Endmaße der Stickerei:
5,7 × 5 cm

Material

1 Kissenbezug mit Spitze und Baumwollfeldern, 55,8 × 55,8 cm
8 Straminstücke (60 Fäden/10 cm), 7,5 × 7,5 cm
Nadel für Stickwolle Nr. 8
Pinzette

Anchor Sticktwist (mehrfädig):

1 Strang grün (255)
1 Strang blau (118)
1 Strang gelb (298)
1 Strang pfirsichfarben (893)
1 Strang korallenrot (10)
1 Strang rot (894)
1 Strang dunkelrot (13)

Anleitung

Heften Sie die Straminstücke in die Mitte jedes zweiten Baumwollfelds. Markieren Sie dann im Zählmuster und auf dem Stramin die Mitte. Von dort aus sticken Sie die Sträußchen durchgehend mit zwei Fäden in der Nadel und über jeweils zwei Fäden des Stramins. Nachdem Sie die Stickerei fertiggestellt haben, entfernen Sie mit der Pinzette vorsichtig die Straminfäden unter der Stickerei. Abschließend werden mit zwei Fäden in der Nadel die Stiele in geraden Stichen (Rückstich) hinzugefügt.

Herz mit 'Frühlingsstrauß'

Diese kleinen Herzen dienen als Potpourri-Säckchen (mit Gewürzen oder getrockneten Blüten). Sie können sie fertig als zwei Hälften kaufen oder aus weißem Baumwollstoff oder Leinen mit Spitzenborte eigene Herzchen anfertigen. Zusammen mit einer Initiale (siehe S. 116-117) wird aus dem Frühlingsstrauß eine attraktive Dekoration für die Ecke eines Kissenbezugs. Als Bordüre aneinandergesetzt, könnte er einen Bilderrahmen zieren. In diesem Fall sollten Sie die Einzelmotive durch zwei oder drei Kreuzstichreihen in blau oder pink rahmen.

Endmaße der Stickerei:
5,7 × 5 cm

Material

fertiges Baumwollherz mit Spitze oder zwei Stücke weißer Baumwollstoff/weißes Leinen, jeweils 15,25 × 15,25 cm
90 cm Spitzenborte, 2,5 cm breit
1 Straminstück (60 Fäden/10 cm), 7,5 × 7,5 cm
weißes Nähgarn
Nadel für Stickwolle Nr. 8
Pinzette
getrockneter Lavendel oder Duftpotpourri

Anchor Sticktwist (mehrfädig):

1 Strang grün (256)
1 Strang blau (128)
1 Strang gelb (305)
1 Strang pfirsichfarben (4146)
1 Strang rosa (26)
1 Strang blau (131)
1 Strang orange (330)
1 Strang weiß (1)
1 Strang kirschrot (19)
1 Strang pink (28)

Anleitung

Falls Sie das Herz selbst anfertigen, schneiden Sie aus einem quadratischen Blatt Papier (15,25 × 15,25 cm) eine Schablone aus. Dazu falten Sie das Blatt auf die Hälfte, zeichnen den Umriß einer Herzhälfte auf, die Mittellinie am Falz anliegend, und schneiden diese Form aus. Das Papierherz stecken Sie mit Nadeln auf Ihre Stoffteile und schneiden es zweimal aus. Mit weißem Nähgarn säumen Sie dann in Knopflochstich die Ränder beider Herzen, damit sie nicht ausfransen. Nun plazieren Sie in der Mitte eines Stoffherzens das Straminstück und sticken das Blumenmotiv mit zwei Fäden in der Nadeln und über jeweils zwei Straminfäden. Wenn der Strauß fertiggestellt ist, ziehen Sie mit der Pinzette vorsichtig die Fäden des Stramins unter der Stickerei heraus. Zum Schluß fügen Sie noch die geraden Stiche nach den Angaben im Zählmuster hinzu.

Fertigstellen

Heften Sie die Spitzenborte rings um die bestickte Herzhälfte, wobei Sie die Enden am Einschnitt oben in der Mitte jeweils 5 cm überstehen lassen. Dann nähen Sie die Borte knapp am Rand entlang hinten fest. Das zweite Stoffherz legen Sie hinten auf das erste und nähen beide Hälften, die Spitzenborte dazwischen, zusammen. Oben lassen Sie eine kleine Öffnung, durch die Sie das Potpourri einfüllen. Zuletzt schließen Sie auch diese Öffnung und nähen aus den beiden Spitzenenden eine Schlaufe, an der das Herz aufgehängt werden kann.

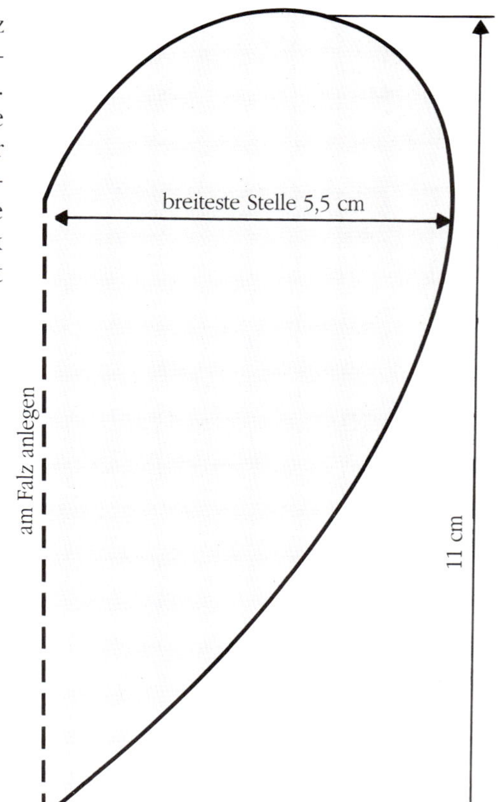

Kleines 'Rosen'-Herz

Mit Ausnahme des Blumenmotivs, das den Entwürfen für Tagesdecke bzw. Kissenbezug entlehnt ist (siehe S. 108-109), wird dieses Herz ganz genauso angefertigt, wie das Herz mit 'Frühlingsstrauß'.

Natürlich wäre es besonders passend, wenn Sie dieses Herz mit getrockneten Rosenblüten füllten. Statt eines Potpourris könnten Sie aber auch ein kleines Stück Wattierung verwenden und einige Tropfen Ihrer bevorzugten Duftessenz daraufgeben.

Endmaße der Stickerei:
3,8 × 3,8 cm

Material

1 Baumwollherz mit Spitze (siehe Herz mit 'Frühlingsstrauß', S. 112)
1 Straminstück (60 Fäden/10 cm), 5 × 5 cm
Nadel für Stickwolle Nr. 8
Nähgarn zum Heften

Anchor Sticktwist (mehrfädig):

1 Strang grün (258)
1 Strang korallenrot (10)
1 Strang rosa (894)
1 Strang rot (29)

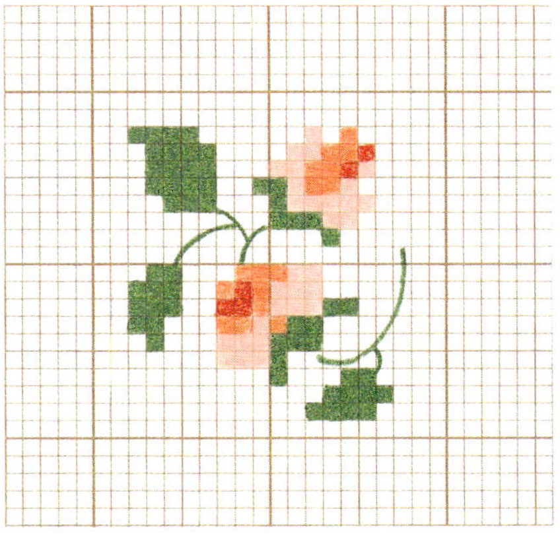

Anleitung
Die Hinweise zur Anfertigung finden Sie beim Herz mit 'Frühlingsstrauß' (siehe S. 112).

'SCHMETTERLINGE UND MONOGRAMM'-SCHLAFZIMMER

In Anbetracht der Zeit, die nötig ist, um eine Stickerei anzufertigen, ist manchmal ein Signieren der Arbeit durchaus angemessen. Viele Schriftenbücher mit den verschiedensten Alphabeten, die im Handel erhältlich sind, geben Anregungen dafür, wie Sie Ihre Arbeiten mit einem ganz persönlichen Signet versehen. Stellen Sie die Initiale Ihres Namens direkt neben Ihr Lieblingsmotiv, oder arbeiten Sie dieses zu einem eigenständigen Bild in die Initiale ein. Sticktücher im viktorianischen England enthielten fast immer ein Alphabet als zentrales Thema, und mit diesem besonderen Schriftsatz wurden dann ganze Sätze, Mottos und Sprichwörter gestickt.

Traditionelle Sticktücher sehen daher mit ebenso traditionellen Dekors besonders reizvoll aus. Die folgenden Zählmuster für ein Alphabet können komplett in ein Sticktuch eingearbeitet werden oder einzeln für sich stehen. Meine Buchstabenentwürfe beruhen auf einer klassischen Schreibschrift. Fühlen Sie sich aber durch den Schriftstil oder die Schmetterlingsmotive nicht eingeengt: Mit Transparentpapier und ein wenig Phantasie geben Sie jedem Objekt Ihre ganz persönliche "Handschrift".

ABCDE
FGHIJ
KLMN
OPQRS
TUVW
XYZ
A
M
NR

'Schmetterlinge'-Sticktuch

Für diese Idee habe ich die Zählmuster zu einem Alphabet angelegt und mich nachträglich zu einer Schmetterlingsbordüre in den verschiedensten Farben und Varianten entschlossen. Aufgrund der Natur dieser "flatterhaften" Wesen war es aber unvermeidlich, daß ein paar von ihnen in die Mitte des Bilds entwischten, um dort ihre Präsenz kundzutun.

Endmaße der Stickerei:
30,5 × 39,5 cm

Material

38 × 45,75 cm Aidastoff (72 Fäden/10 cm)
Nadel für Stickwolle Nr. 8

Anchor Sticktwist (mehrfädig):

2 Stränge dunkelblau (119)
2 Stränge blau (118)
1 Strang korallenrot (10)
1 Strang rosa (24)
1 Strang gelb (295)
1 Strang goldgelb (298)
1 Strang grün (255)
1 Strang violett (99)
1 Strang fliederfarben (97)
1 Strang rot (335)
1 Strang blaßgelb (293)
1 Strang braun (936)

Anleitung

Markieren Sie auf Zählmuster (S. 116-117) und Stramin die Mitte. Von dort aus arbeiten Sie die Stickerei durchgehend in Kreuzstich mit zwei Fäden in der Nadel und über zwei Fäden des Aidastoffs. Die Fühler der Schmetterlinge sind in geraden Stichen angelegt. Zum Schluß rahmen Sie das fertige Sticktuch nach Wunsch (siehe S. 163).

Nachthemd-Tasche mit Monogramm

Eine meiner Lieblingsbeschäftigungen besteht darin, auf Flohmärkten und Basaren Stöße von Haushaltstextilien zu durchwühlen – in der Hoffnung, daß eine herrliche Spitzen-Handarbeit zum Vorschein kommt. Daher finde ich es ziemlich unsportlich, daß manche Warenhäuser alle möglichen Teile aus Leinen oder Baumwolle, besetzt mit handgemachter Spitze, führen, die exakt wie "echte" aussehen, in Wirklichkeit aber erst vor ein paar Wochen entstanden sind. Meine Nachthemd-Tasche mit Spitzenbesatz und -einsatz ist eines eben dieser neuen Stücke, dessen Wirkung sehr von der handgemachten Stickerei profitiert.

Aus einem alten Spitzendeckchen für eine Kommode oder einem Tischläufer können Sie auch ganz einfach selbst eine Tasche anfertigen. Dazu legen Sie als Rückseite einen Streifen Baumwollstoff in derselben Breite, aber der doppelten Länge, in der Mitte zusammen und säumen ihn an den Seiten, so daß eine Tasche entsteht. Die fertige Stickerei nähen Sie dann als Taschenklappe an der hinteren Oberkante fest.

Einen schmalen Baumwoll- oder Leinenläufer mit Spitze falten Sie in drei gleiche Teile, nähen zwei Stücke zusammen und drehen die Tasche um. Das dritte Stück bildet wieder die Klappe und wird mit einer Initiale und einem Motiv bestickt.

Auch aus Reststücken von Spitze oder Baumwollstoff können Sie, indem Sie diese einsäumen, allerlei hübsche Schlafzimmer-Accessoires anfertigen, von Täschchen für Papiertaschentücher bis hin zu Dosendeckeln. Werfen Sie alte Stoffe nicht fort, weil sie zerrissen oder fleckig sind, sondern schneiden Sie die unschönen Stellen weg, und denken Sie kreativ darüber nach, was man aus dem Rest machen könnte.

Endmaße der Stickerei:
7,5 × 6,3 cm

Material

1 altes Spitzentäschchen oder spitzengesäumtes Stoffquadrat plus Baumwollstoff oder Leinen in doppelter Länge
1 Straminstück (60 Fäden/10 cm), 10 × 10 cm
weißes Nähgarn
Nadel für Stickwolle Nr. 8
Pinzette

Anchor Sticktwist (mehrfädig):

- *1 Strang rosa (24)*
- *1 Strang korallenrot (10)*
- *1 Strang grün (255)*
- *1 Strang fliederfarben (97)*
- *1 Strang grau (233)*
- *1 Strang dunkelblau (119)*
- *1 Strang lila (118)*
- *1 Strang blaßgelb (293)*

Anleitung

Heften Sie das Straminstück in die Mitte des spitzenbesetzten Stoffquadrats. Nachdem Sie ein Monogramm als Zählmuster aufgezeichnet haben, setzen Sie den Schmetterling so, daß er über dem Blumensträußchen schwebt. Markieren Sie im Zählmuster und auf dem Stramin die Mitte, und beginnen Sie von dort, mit zwei Fäden in der Nadel und jeweils über zwei Straminfäden zu sticken. Wenn die Stickerei fertig ist, werden mit der Pinzette die Straminfäden darunter herausgezogen. Dann fügen Sie die Schmetterlingsfühler mit geraden Stichen (Rückstich) hinzu.

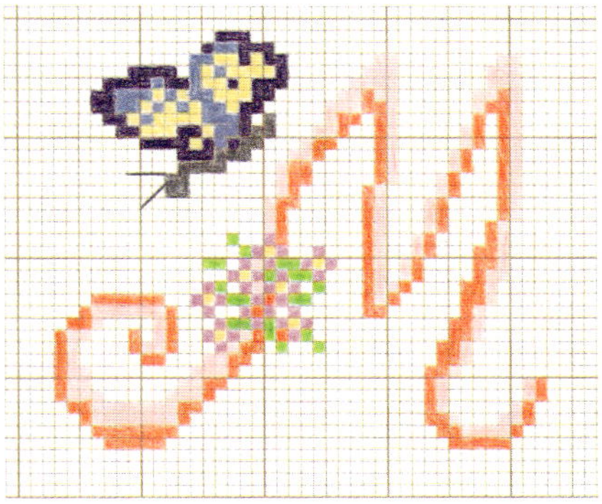

Wenn Sie die Tasche selbst anfertigen, legen Sie den Baumwollstreifen auf die Hälfte zusammen und nähen die Säume an den Seiten ab. Das bestickte Quadrat wird an der hinteren Oberkante als Klappe festgenäht.

Duftsäckchen mit Monogramm

Solche Säckchen sind sehr hübsche Geschenke und verbreiten im Badezimmer einen herrlichen Duft. Außerdem bieten sie eine ansprechende Verwendungsidee für übriggebliebene Stoffe und Garnreste.

Verwenden Sie für die Rückseite des Säckchens z.B. Reste eines Vorhangstoffs; verziert wird es dann mit einem Saum aus Spitze und Satinband.

Endmaße der Stickerei:
11,5 × 6,3 cm

Material

14 × 9 cm Stickleinen (120 Fäden/10 cm)
14 × 9 cm Stoff für die Rückseite
25,5 × 13 cm Wattierung, mit einigen Tropfen einer Duftessenz parfümiert
75 cm Spitze, 2 cm breit
75 cm Band, 2 cm breit
4 Bandschleifen
weißes Nähgarn
Nadel für Stickwolle Nr. 8

Anchor Sticktwist (mehrfädig):

- *1 Strang goldgelb (298)*
- *1 Strang rosa (893)*
- *1 Strang korallenrot (10)*
- *1 Strang grau (233)*
- *1 Strang grün (255)*
- *1 Strang türkis (168)*
- *1 Strang helltürkis (928)*
- *1 Strang blaßgelb (293)*

Anleitung

Wählen Sie die gewünschten Initialen aus dem Zählmuster aus, und übertragen Sie diese. In die Nähe plazieren Sie einen Schmetterling. Beim zweiten Buchstaben entfällt das Blumenmotiv; statt dessen ziehen Sie die Buchstabenflanke durch. Nachdem Sie auf Zählmuster und Stickgrund die Mitte markiert haben, sticken Sie das Motiv mit zwei Fäden in der Nadel über jeweils zwei Fäden des Leinens. Die Schmetterlingsfühler werden zum Schluß mit geraden Stichen (Rückstich) hinzugefügt. Die fertige Arbeit stecken Sie mit Nadeln auf den Stoff für die Rückseite, wobei Sie bei beiden Teilen ringsum einen 6 mm breiten Saum nach innen falten. Dann werden Unterkante und Seiten zusammengenäht; von oben können Sie die parfümierte Wattierung zusammengelegt in das Säckchen hineinstecken und danach die Naht schließen. Nähen Sie Spitze und Band um die Außenkante herum fest, und setzen Sie auf jede Ecke eine Schleife.

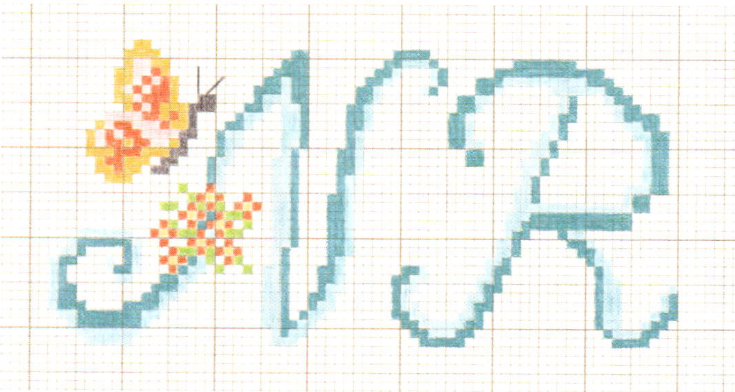

Kissenbezug mit Monogramm

Sehr edel wirkt ein Monogramm in der Ecke eines Kissens oder auf dem Aufschlag eines Bettbezugs. Ein uniweißer Bettbezug kann beispielsweise nur mit Schmetterlingen bestickt werden, oder Sie entscheiden sich für ein reines 'Schmetterlinge'-Sticktuch in verschiedenen Farben. Gerahmt sieht es wie eine Sammlung echter Schmetterlinge aus.

Endmaße der Stickerei:
etwa 7,5 × 7,5 cm, je nach Initiale

Material

1 weißer Kissenbezug
1 Straminstück (60 Fäden/10 cm), 10 × 10 cm
Nadel für Stickwolle Nr. 8
Nähgarn zum Heften
Pinzette

Anchor Sticktwist (mehrfädig):

1 Strang korallenrot (10)
1 Strang rosa (24)
1 Strang gelb (295)
1 Strang blau (118)
1 Strang dunkelblau (119)
1 Strang grau (233)
1 Strang grün (255)

Anleitung

Heften Sie das Straminstück im rechten Winkel in die Ecke Ihres Kissenbezugs. Die gewünschte Initiale übertragen Sie in Ihr Zählmuster und plazieren einen Schmetterling über dem Blumensträußchen. Nachdem Sie die Mitte des Zählmusters markiert haben, sticken Sie, ausgehend von der Mitte, mit zwei Fäden in der Nadel jeweils über zwei Straminfäden das Motiv aus. Abschließend werden mit der Pinzette vorsichtig die Straminfäden unter der Stickerei herausgezogen.

‘AMOR UND ROSEN’-SCHLAFZIMMER

Als Motiv für ein Schlafzimmer eignet sich Amor, oder auch Cupido, hervorragend – war er doch für die Griechen Eros, der Gott der Liebe, und für die Römer der Sohn der Venus. Wer als sein Vater zu gelten hat – ob Jupiter, Mars oder Merkur – ist nicht ganz klar, sicher aber hat der pausbäckige kleine Putto eine wichtige Rolle in Kunst und Architektur der Renaissance und Barockzeit gespielt. Heute erfreut er sich als symbolträchtiges Motiv wieder zunehmender Beliebtheit. Amors bleierner Pfeil ist Symbol der sinnlichen Liebe, der goldene dagegen steht für tugendhafte, geistige Liebe und Verbundenheit. In Malerei und Bildhauerei wird Amor häufig mit Pfeil und Bogen oder als geflügelter Himmelsbote mit Blumengirlanden dargestellt – so auch in den folgenden Entwürfen.

Rosengirlande

Die kleine Rosengirlande ziert hier eine Fläche eines Quadrats aus feiner Spitze. Auf die Hälfte gefaltet, wird aus diesem dann ein längliches Kissen. Mehrfach wiederholt und aneinandergereiht, könnte das Motiv als Bordüre eines Kissenbezugs dienen, oder Sie sticken es als Ziermotiv auf einen Fotorahmen. Auf Stramin mit weniger Fäden pro Zentimeter könnte die Girlande auch ein Vorhangband für weiße Spitzenvorhänge schmücken.

Endmaße der Stickerei:
12,7 × 5 cm

Material

40,6 × 40,6 cm Baumwollspitze
Kissen oder Polyester-Füllung als Rolle, 40,6 cm lang
Straminstück (60 Fäden/10 cm), 15,25 × 4 cm
weißes Nähgarn
Nadel für Stickwolle Nr. 8
Pinzette

Anchor Sticktwist (mehrfädig):

1 Strang fuchsienrot (28)
1 Strang rosa (55)
1 Strang grün (203)

Anleitung

Das Straminstück heften Sie an die gewünschte Stelle auf Ihrem Baumwollstoff. Dann markieren Sie die Mitte im Zählmuster und auf dem Stramin und beginnen von dort aus, mit zwei Fäden in der Nadel und über jeweils zwei Fäden des Stramins zu sticken. Mit der Pinzette entfernen Sie zum Schluß vorsichtig die Fäden unter der fertigen Stickerei.

Der bestickte Baumwollstoff wird über das Kissen bzw. die Polyester-Rolle geklappt und an Seiten und Unterkante zusammengenäht.

Amor auf Stickpapier

Für Stickereien auf Stickpapier gibt es viele Verwendungsmöglichkeiten. Sie können aufgeklebt werden, zum Beispiel, um einer Collage das "besondere Etwas" zu verleihen. Sie wirken bezaubernd als Anhänger für den Weihnachtsbaum, können für Lesezeichen oder Glückwunschkarten verwendet oder, auf der Rückseite bezogen, in ein Mobile integriert werden. Im gezeigten Beispiel wurde die Stickerei als Einzelmotiv an ihrem Umriß entlang ausgeschnitten und als Dekor auf einen Spiegelrahmen geklebt.

Endmaße der Stickerei:
14 × 12,7 cm

Material

17,8 × 17,8 cm perforiertes Papierstramin (56 Stiche/10 cm)
1 Spule Kreinik Silbergarn (Ombre Silber 1000)
Nadel für Stickwolle Nr. 7
Klebstoff auf Gummibasis
spitze kleine Schere

Anchor Sticktwist (mehrfädig):

1 Strang gelb (305)
1 Strang goldgelb (298)
1 Strang rot (335)
1 Strang d.-fleischfarben (893)
1 Strang fleischfarben (4146)
1 Strang blau (131)
1 Strang hellblau (130)
1 Strang fuchsienrot (28)
1 Strang rosa (55)
1 Strang grün (203)
1 Spule Kreinik Silbergarn (vgl. Materialliste)

Anleitung

Markieren Sie die Mitte im Zählmuster (siehe S. 128 unten) und auf dem Papierstramin. Von dort aus arbeiten Sie durchgehend mit drei Fäden in der Nadel; die Flügel werden jedoch nur mit doppeltem Silberfaden gestickt. Das fertige Motiv schneiden Sie ringsherum aus. Achten Sie aber darauf, nicht in ein Loch mit einem Stich zu schneiden! Die Fadenenden werden auf der Rückseite vernäht und festgeklebt, dann können Sie das Motiv mit Klebstoff auf Ihren Spiegel- oder Bilderrahmen kleben.

'Amor'-Schmuckständer

Dieses Projekt bietet eine besondere Art, Ihren Schmuck zu zeigen und gleichzeitig eine Kommode oder ein Tischchen zu dekorieren. Die Seitenflügel sind mit dem Mittelteil scharnierartig durch Klebeband verbunden und mit Satin überzogen. Sie können aber auch Spitze, Vorhangstoff oder einen anderen Stoff verwenden, nach dem Ihnen der Sinn steht. Mit aufgenähten Satinbändchen wird der Schmuck an den Seitenflügeln festgebunden.

Endmaße der Stickerei:
15,25 × 19 cm

Material

30,5 × 24 cm Aidastoff (56 Fäden/10 cm)
2 Satinstücke oder anderer Bezugsstoff, jeweils 30,5 × 14 cm
2 Stücke Polyester-Wattierung, jeweils 25,5 × 9 cm
1 Stück Polyester-Wattierung, 25,5 × 19 cm
2 Stücke Karton, jeweils 25,5 × 9 cm
1 Stück Karton, 25,5 × 19 cm
33 × 25,5 cm Filz
1 sauberes Handtuch
starkes Klebeband, 5 cm breit (ideal ist Teppichklebeband)
Klebstoff auf Gummibasis
1 Spule Kreinik Silbergarn (Ombre Silber 1000)
Nadel für Stickwolle Nr. 7
1 m Satinband, 8 mm breit

Anchor Sticktwist (mehrfädig):

1 Strang gelb (305)
1 Strang goldgelb (298)
1 Strang rot (335)
1 Strang d.-fleischfarben (893)
1 Strang fleischfarben (4146)
1 Strang blau (131)
1 Strang hellblau (130)
1 Strang fuchsienrot (28)
1 Strang rosa (55)
1 Strang grün (203)
1 Spule Kreinik Silbergarn

Anleitung

Markieren Sie die Mitte im Zählmuster (beide Putten von S. 128 kombiniert) und auf dem Aidastoff. Von dort aus sticken Sie das Motiv mit drei Fäden in der Nadel aus; für die Flügel verwenden Sie nur doppelten Silberfaden. Wenn die Stickerei fertig ist, kleben Sie auf die drei Kartonteile die jeweils entsprechende Wattierung und ziehen Ihre Stickerei auf das größte wattierte Kartonstück auf. Die überstehenden Kanten kleben Sie nach hinten um. Genauso überziehen Sie die schmalen Seitenflügel mit Satin oder dem von Ihnen gewählten Stoff. Dann legen Sie die drei Kartonteile mit der Vorderseite nach unten auf ein sauberes Handtuch nebeneinander in eine Reihe. Lassen Sie zum Mittelteil hin jeweils einen Spalt, der breit genug ist, daß die Seitenflügel nach innen geklappt werden können, und kleben Sie die drei Teile mit zwei vertikalen Klebebandstreifen scharnierartig zusammen. Abschließend wird das Filzstück auf der Rückseite über alle drei Kartonstücke angeklebt, um die Nähte zu verdecken.

'Amor'-Läufer

In diesem Entwurf ist der kleine Amor horizontal gestickt, so daß er aussieht, als flöge er (siehe linke Seite oben). Die Stickerei ist auf der Mitte eines Tablettdeckchens angebracht, das auch eine Kommode oder einen Schminktisch zieren könnte. Wenn Sie wollen, können Sie aus dem Deckchen, zusammen mit Stoff für die Rückseite, auch einen Kissenbezug nähen oder es über eine Stuhl- oder Sessellehne drapieren. Besonders wohlriechend wird das Kissen, wenn Sie ein Potpourri-Säckchen mit in die Füllung geben.

Endmaße der Stickerei:
15,25 × 10 cm

Material

1 Baumwoll-Tablettdeckchen mit Spitze, 51 × 33 cm
1 Straminstück (60 Fäden/10 cm), 18 × 13 cm
1 Spule Kreinik Silbergarn (Ombre Silber 1000)
Nähgarn zum Heften
Nadel für Stickwolle Nr. 8
Pinzette

Anchor Sticktwist (mehrfädig):

1 Strang gelb (305)
1 Strang goldgelb (298)
1 Strang rot (335)
1 Strang d.-fleischfarben (893)
1 Strang fleischfarben (4146)
1 Strang blau (131)
1 Strang hellblau (130)
1 Strang fuchsienrot (28)
1 Strang rosa (55)
1 Strang grün (203)
1 Spule Kreinik Silbergarn

Anleitung

Heften Sie das Straminstück in die Mitte des Tablettdeckchens, und markieren Sie im Zählmuster (siehe S. 128 oben) und auf dem Stramin die Mitte. Von dort aus sticken Sie das Motiv mit zwei Garn- oder Silberfäden in der Nadel und jeweils über zwei Straminfäden. Abschließend ziehen Sie mit der Pinzette vorsichtig die Straminfäden unter der fertigen Stickerei heraus.

Wohnzimmer

DAS 'FEIN ABGESTIMMTE' WOHNZIMMER

In diesem Kapitel möchte ich Sie dazu ermuntern, angeregt von Stoffen, Tapeten oder Porzellan in Ihrem Zuhause, eigene Entwürfe für Kreuzstickereien anzufertigen. Inspirationsquellen waren für mich eine Limoges-Schüssel und ein alter Royal-Cauldon-Kuchenteller. Teile der Dekors habe ich in Zählmuster übertragen und die Motive für eine Tischdecke, einen Kissenbezug und einen Klingelzug verwendet. Tips und Tricks zum Entwerfen eigener Zählmuster finden Sie im Kapitel "Techniken" (S. 158-164), und wenn Ihnen das Prinzip erst einmal klargeworden ist, werden Sie entdecken, daß Sie all Ihre Lieblingsmotive in Kreuzstickereien umsetzen können, die man fein aufeinander abstimmen kann.

'Limoges'-Deckchen

Dieses 35,5 × 35,5 cm große Leinendeckchen mit Spitzenbordüre stammt aus China. Sie könnten es als Mitteldeckchen für einen Eß- oder Beistelltisch verwenden oder mit einer Rückseite aus weißem Leinen zu einem Kissenbezug umarbeiten. Das Motiv stammt aus dem zentralen Dekor meiner Schüssel, wobei ich eine hübsche, in Gold gemalte Schriftrolle nicht übernommen habe, da sie in der Kreuzstickerei schlecht zur Geltung käme. Die besonders gewieften unter Ihnen können dieses "goldene Detail" aber mit Stoffarbe aufmalen oder in Goldgarn und Festonstich aufsticken.

Endmaße der Stickerei:
17,1 × 6,3 cm

Material

1 Leinendeckchen mit Spitze, 35,5 × 35,5 cm
2 Straminstücke (60 Fäden/10 cm), jeweils 19 × 7,5 cm
Nähgarn in Kontrastfarbe zum Heften
Nadel für Stickwolle Nr. 8
Pinzette

Anchor Sticktwist (mehrfädig):

1 Strang gelb (295)
1 Strang rostrot (326)
1 Strang grün (229)
1 Strang hellgrün (255)
1 Strang pink (85)
1 Strang fleischfarben (4146)
1 Strang rosa (77)
1 Strang blau (118)
1 Strang violett (109)
1 Strang schwarz (403)

Anleitung

Heften Sie, mit etwa 7,5 cm Abstand zum Rand, die beiden Straminstreifen mit Garn in Kontrastfarbe auf das Deckchen. Dann markieren Sie die Mitte in Ihren Zählmustern (die zweite Stickerei wird spiegelbildlich angelegt) und auf den Straminstücken. Von dort aus sticken Sie durchgehend mit zwei Fäden in der Nadel und jeweils über zwei Straminfäden. Wenn beide Blumenmotive fertiggestellt sind, ziehen Sie vorsichtig mit der Pinzette die Straminfäden unter den Stickereien heraus.

Der 'abgestimmte' Klingelzug

Für einen Klingelzug können Sie einen meiner beiden Entwürfe verwenden oder Ihr eigenes Dekor kreieren. Die lange, schmale Form bietet sich dazu an, Motive aus Bordüren auf ihr zu wiederholen; beispielsweise wäre ein Tapetenfries die ideale Vorlage für diese Arbeit. Ich selbst habe einzelne Blumenmotive aus meinem Kuchenteller übernommen und sie in spiegelbildlicher Anordnung neu arrangiert, damit ein zusammenhängendes Tableau entsteht.

Endmaße der Stickerei:
36,8 × 8,9 cm

Material

45,7 × 12,7 cm Aidastoff (56 Fäden/10 cm)
Stoff für die Rückseite, 3,8 cm länger als der Aida
1 m Satin-Kordel
1 Glocke
zur Rückseite passendes Nähgarn
Sticknadel Nr. 24

Anchor Sticktwist (mehrfädig):

1 Strang gelb (295)
1 Strang blau (118)
1 Strang hellgrün (279)
1 Strang pink (57)
1 Strang purpur (101)
1 Strang rosa (55)
1 Strang goldgelb (298)
1 Strang lavendelfarben (119)
1 Strang grün (258)
1 Strang rostrot (326)
1 Strang hellrosa (23)
1 Strang hellblau (130)

Anleitung

Markieren Sie die Mitte im Zählmuster und auf dem Aidastoff. Von dort aus beginnen Sie, das Motiv mit drei Fäden in der Nadel auszusticken. Wenn die Stickerei fertiggestellt ist, legen Sie diese mit der Vorderseite nach oben auf den Stoff für die Rückseite, der oben etwa 2,5 cm, unten etwa 1,2 cm überstehen sollte. Dann falten Sie an den Längsseiten einen etwa 1,2 cm breiten Saum nach innen um und nähen die Stickerei und den Stoff zusammen. Auch an der Unterkante falten Sie einen Saum nach innen um, wobei ein schmaler Stoffstreifen sichtbar überstehen sollte (siehe Abbildung). Nachdem Sie auch diese Naht geschlossen haben, falten Sie an der Oberkante erst den Aidastoff einwärts, anschließend den Rückseitenstoff. Beim Zusammennähen lassen Sie die Seiten offen, damit hier die Kordel durchgezogen werden kann. Zum Schluß befestigen Sie die Glocke an der Kordel.

Die 'edle' Nackenrolle

Für diese Stickerei habe ich eine fertige Nackenrolle verwendet, aber es ist kein Problem, sie selbst anzufertigen. Polster sind in Möbelgeschäften oder Kaufhäusern erhältlich, und den Bezug können Sie aus Leinenstoff, einem Stück Bettlaken oder einem nostalgischen Spitzenrest anfertigen. Die folgende Anleitung ist für einen schlichten, einfarbigen Bezug gedacht, der nach Wunsch an den Enden mit Bändern verziert wird.

Endmaße der Stickerei:
19 × 7 cm

Material
83,8 × 86,3 cm Leinenstoff
2 Stücke Band, jeweils 69,8 cm lang, 2,5 cm breit
1 Straminstück (60 Fäden/10 cm), 24 × 10 cm
passendes Nähgarn
Nadel für Stickwolle Nr. 8
Pinzette

Anchor Sticktwist (mehrfädig):

1 Strang gelb (295)
1 Strang blau (118)
1 Strang hellgrün (279)
1 Strang pink (57)
1 Strang rosa (55)
1 Strang goldgelb (298)
1 Strang lavendelfarben (119)
1 Strang grün (258)
1 Strang rostrot (326)
1 Strang hellrosa (23)
1 Strang hellblau (130)

Anleitung
An den kürzeren Kanten des Stoffs nähen Sie jeweils einen 12 mm breiten Saum ein. In die Mitte des Stoffs heften Sie den Stramin. Dann markieren Sie die Mitte des Zählmusters und des Straminstücks. Von dort aus sticken Sie das Muster durchgehend mit zwei Fäden in der Nadel und über jeweils zwei Fäden des Stramins. Mit der Pinzette ziehen Sie vorsichtig die Fäden unter der fertigen Stickerei heraus. Sie legen den Stoff, rechts auf rechts, auf die Hälfte zusammen und vernähen ihn mit 2,5 cm Abstand zu den ungesäumten Kanten. Danach wenden Sie den Bezug, stecken das Polster hinein und binden um beide Enden je eine Schleife aus Band.

Die 'feine' Tischdecke

Verteilen Sie kleine Stickmotive nach Belieben auf einer glatten oder strukturierten Tischdecke. Möchten Sie Spitze oder durchbrochene Stoffe harmonisch ergänzen, wirkt es hübscher, die Motive zu gruppieren. Bei einer glatten Decke können Sie zusätzlich ringsherum eine einfarbige, aus zwei Kreuzstichreihen bestehende Bordüre sticken und mit einem weiteren gestickten Rahmen ein Feld für das Mittelmotiv schaffen. Hübsch wirkt es auch, einfach einzelne Blüten auf der gesamten Tischdecke zu verteilen. Und vielleicht haben Sie ja Spaß daran, zusätzlich Servietten passend zu besticken?

Endmaße der Stickereien:
3,8 × 3,8 cm und
10 × 10 cm

Material

1 quadratische Tischdecke
4 Straminstücke (60 Fäden/10 cm), 6,3 × 6,3 cm
1 Straminstück (60 Fäden/10 cm), 16,5 × 16,5 cm
Nähgarn in Kontrastfarbe zum Heften
Nadel für Stickwolle Nr. 8
Pinzette

Anchor Sticktwist (mehrfädig):

1 Strang gelb (295)
1 Strang blau (118)
1 Strang hellgrün (279)
1 Strang pink (57)
1 Strang purpur (101)
1 Strang rosa (55)
1 Strang goldgelb (298)
1 Strang lavendelfarben (119)
1 Strang grün (258)
1 Strang rostrot (326)
1 Strang hellrosa (23)

Anleitung

Die vier kleineren Straminstücke heften Sie, etwa 25,5 cm von den Ecken entfernt, so an, daß die Kanten des Stramins diagonal auf die Ecken zulaufen. Dann befestigen Sie das große Feld für die Stickerei in der Mitte. Bei allen Straminteilen und in den beiden Zählmustern markieren Sie die Mitte. Von dort aus beginnen Sie, mit zwei Fäden in der Nadel und über jeweils zwei Fäden des Stramins das Motiv zu sticken. Wenn alle Stickereien fertig sind, entfernen Sie vorsichtig mit der Pinzette die Straminfäden.

‘JAPANISCHES’ WOHNZIMMER

Bildwelt und Kunst Japans haben bis heute einen enormen Einfluß auf den europäischen Lebensstil und das europäische Kunsthandwerk. In zahlreichen Häusern gibt es ein Zimmer, das in orientalischem Stil eingerichtet ist. Dieser kommt zum Ausdruck in den mit so typischem Pinselstrich gemalten Blumenmotiven oder im starren Minimalismus – Futons, Wandschirme, scharf konturierte abstrakte Zeichen.

Zur japanischen Tracht – sowohl der traditionellen wie auch der des Theaters – gehört in hohem Maße reich bebilderte Stickerei, die häufig Blumen und Vögel darstellt. Für die folgenden Projekte habe ich allerdings japanische Schriftzeichen und Sonnenaufgangsmotive gewählt, die besser zu einer modern gestalteten Wohnlandschaft passen.

資
集
宣纸
中國書画

'Japanisches' Lesezeichen

Dieses einfache Muster könnte für einen Läufer oder ein Tischset durch Verwendung eines Stoffs mit weniger Löchern pro Zentimeter vergrößert werden. Die größere Version desselben Themas hätte als Jalousie eine besonders attraktive Wirkung.

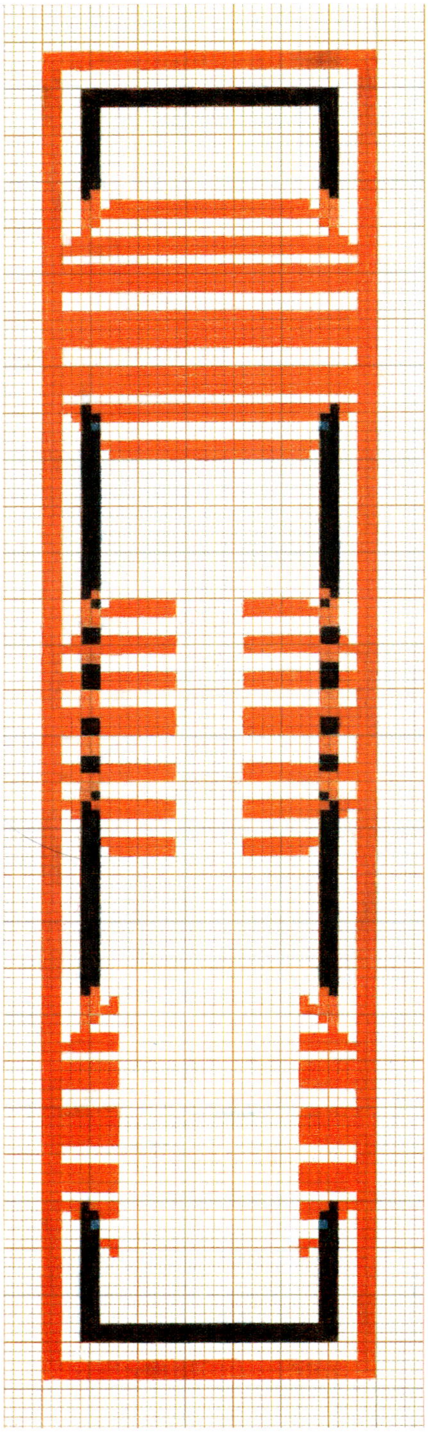

Endmaße der Stickerei:
22,9 × 5,7 cm

Material
27 × 7,5 cm Leinen
(128 Fäden/10 cm)
Nadel für Stickwolle Nr. 8
1 rote Perle

Anchor Sticktwist (mehrfädig):

1 Strang rot (335)
1 Strang schwarz (403)

Anleitung
Markieren Sie auf Leinen und Zählmuster jeweils die Mitte. Von dort aus sticken Sie das Motiv durchgehend mit zwei Fäden in der Nadel und über jeweils zwei Leinenfäden. Wenn die Stickerei fertig ist, zwirbeln Sie vier Fäden schwarzes Garn (jeweils 15,25 cm) straff zusammen. In der Mitte aufeinandergelegt, ergibt sich eine gedrehte Kordel, deren eines Ende Sie durch die Perle fädeln. Zur Befestigung machen Sie einen Knoten und nähen das andere Ende in der Mitte der beiden schwarzen Kreuzstichreihen auf der Rückseite fest. Abschließend fransen Sie die Kanten des Leinens aus (siehe Foto).

'Japanischer' Briefbeschwerer

Leere Glas-Briefbeschwerer sind ein interessanter und zugleich nützlicher "Schaukasten" für Ihre Stickarbeiten. Viele Handarbeitsgeschäfte führen solche Briefbeschwerer in den unterschiedlichsten Formen und Größen. Dieser hier eignet sich besonders gut für meine "japanische Sonne", da das runde Glas die Form des Sonnenmotivs betont.

Endmaße der Stickerei:
etwa 6,3 × 6,3 cm

Material

1 runder Briefbeschwerer, 8,9 cm Durchmesser
10 × 10 cm Aidastoff (72 Fäden/10 cm)
Nadel für Stickwolle Nr. 8

Anchor Sticktwist (mehrfädig):

1 Strang schwarz (403)
1 Strang rot (335)

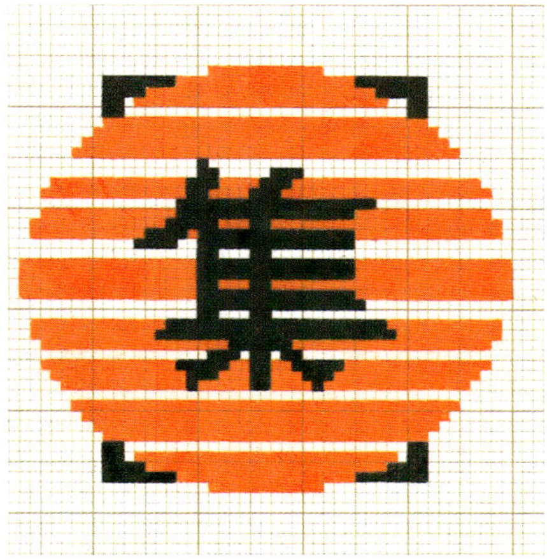

Anleitung

Markieren Sie im Zählmuster und auf dem Aidastoff die Mitte. Von dort aus sticken Sie mit zwei Fäden in der Nadel das Motiv. Schneiden Sie es, mit dem Briefbeschwerer als Schablone, kreisförmig aus. Nach der Gebrauchsanweisung des Herstellers befestigen.

リスびいき
林 望
Nozomu Hayashi
西尾忠久
Tadahisa Nishio
江國 滋
Shigeru Ekuni
集

'Japanisches' Adreßbuch

Ein perfektes Geschenk für den Mann, der alles hat. Das Motiv kann jeder Adreßbuchgröße angepaßt werden. Kaufen Sie zuerst das Buch, damit Sie die Größe des Stoffs bestimmen können, und setzen Sie das Motiv in die Mitte.

Endmaße der Stickerei:
11,5 × 17,1 cm

Material

25,4 × 33 cm Aidastoff (56 Fäden/10 cm)
2 Streifen schwerer roter Baumwollstoff, jeweils 25,4 × 7,5 cm
Adreßbuch, 14 × 20,5 cm
rotes Nähgarn
Sticknadel Nr. 24
Klebstoff auf Gummibasis

Anchor Sticktwist (mehrfädig):

1 Strang rot (335)

1 Strang weiß (1)

Anleitung

Falten Sie den Aidastoff der Breite nach auf die Hälfte. Markieren Sie die Mitte in Ihrem Zählmuster, und zentrieren Sie Ihre Stickerei in der rechten Hälfte des Aidastoffs (rechts des Falzes) – wobei Sie an der rechten Kante 2,5 cm Rand lassen.

Mit zwei Fäden in der Nadel sticken Sie das Motiv. Dann legen Sie den Stoff mit der Stickerei um das Adreßbuch und falten alle Kanten nach innen, so daß er genau um das geschlossene Buch paßt. Kleben Sie anschließend die Säume an Ober- und Unterkante auf der Rückseite des Aidastoffs fest. Dann nähen Sie einen Streifen des roten Baumwollstoffs mit der Längsseite an die umgeklappte rechte Stoffkante. Falten Sie den Stoffstreifen als Klappe für Ihren Bucheinband nach innen. Dann klappen Sie die Ober- und Unterkante des Baumwollstoffs nach innen und nähen beide Säume an der Ober- und Unterkante des Aidastoffs fest. Genauso verfahren Sie an der linken Seite. Zum Schluß stecken Sie Ihr Adreßbuch in diese beiden roten Einbandklappen.

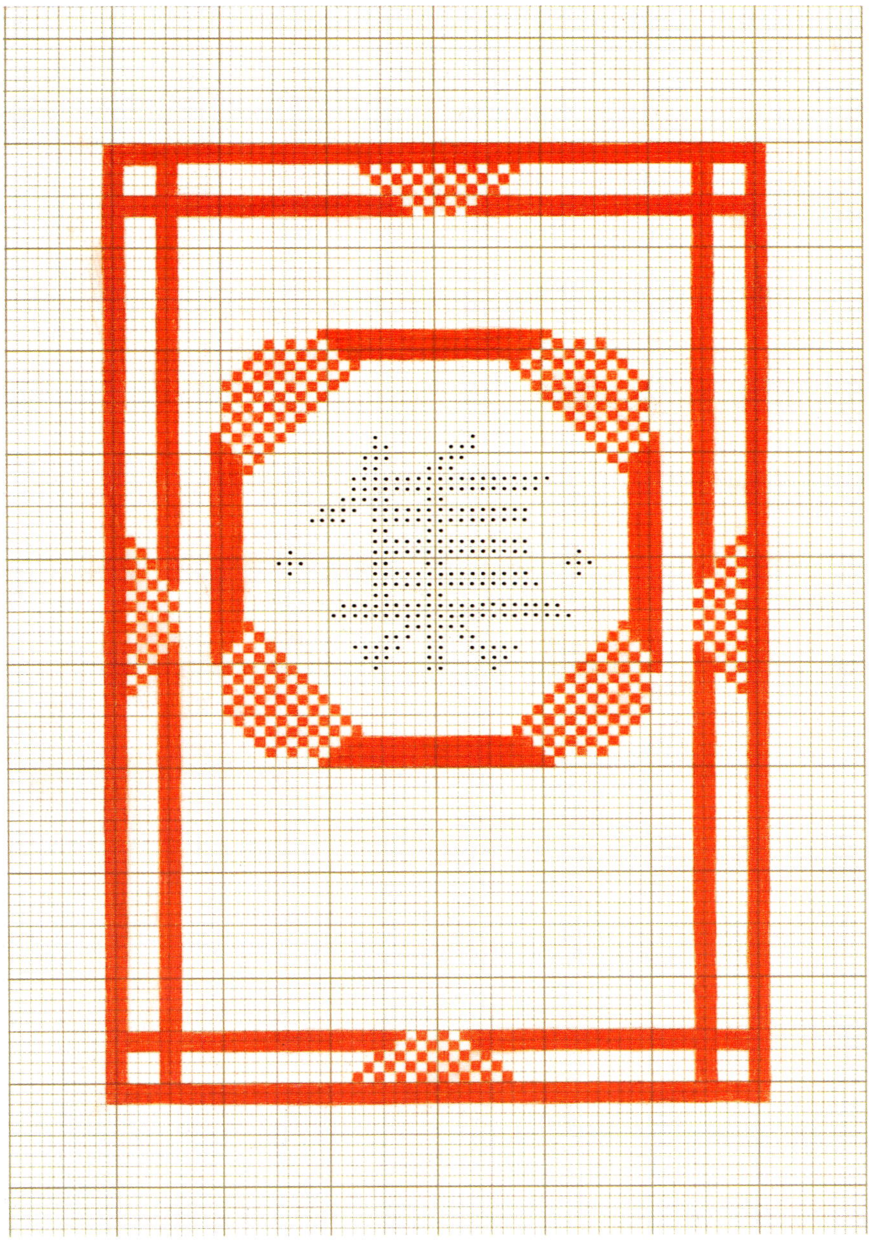

資

'Japanischer' Lampenschirm

Lampenschirme sind in den verschiedensten Größen und Formen im Kaufhaus erhältlich. Achten Sie beim Kauf darauf, daß sie keine Bespannung aus Karton oder Pergamentpapier haben. Ich würde Ihnen auch raten, nicht zu versuchen, geraffte Rüschenstoffe zu besticken. Und noch ein Tip: Wenn Sie mit dunklem Garn auf einem hellen, dünnen Stoff arbeiten, besteht die Gefahr, daß die Rückseite der Stickerei bei eingeschaltetem Licht durchscheint. Daher habe ich mich für einen mit schwerem Baumwollstoff bespannten Lampenschirm entschieden.

Endmaße der Stickerei:
12,7 × 9,5 cm

Material

1 Lampenschirm
1 Straminstück (40 Fäden/10 cm), 12,7 × 15,25 cm
Nähgarn zum Heften
Nadel für Stickwolle Nr. 7

Anchor Stickgarn:

■ *2 Stränge schwarz (403)*

Anleitung

Heften Sie Ihr Straminstück in die Mitte des Lampenschirmfeldes, das Sie besticken möchten. Markieren Sie im Zählmuster und auf dem Stramin die Mitte, und sticken Sie von dort aus mit einfachem Garn über jeweils zwei Straminfäden. Achten Sie darauf, daß Sie das Garn auf der Rückseite nicht quer über unbestickte Flächen spannen, da solche Fäden gegen das Licht durchscheinen.

Wenn das Motiv fertiggestickt ist, ziehen Sie vorsichtig mit einer Pinzette die Straminfäden unter der Stickerei heraus.

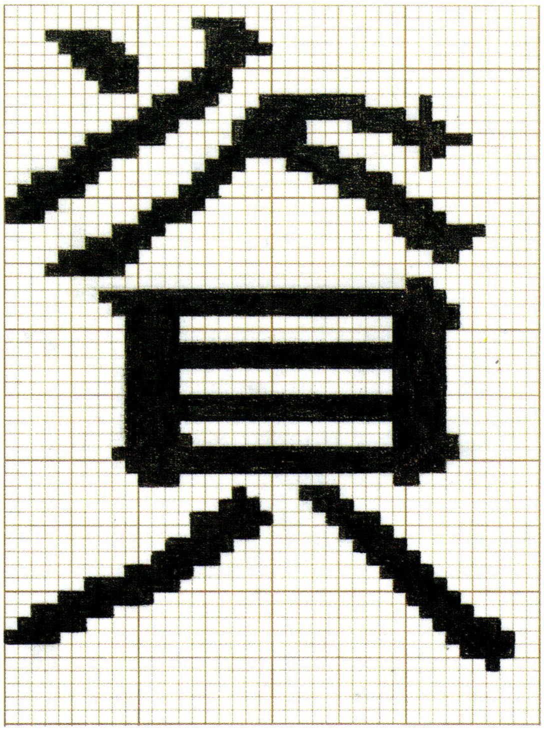

'SPIELKARTEN'-WOHNZIMMER

Ob Spielkarten, Würfel, Scrabble-Steine oder Monopoly-Spielpläne, alle liefern sie dekorative Motive, von denen Sie sich inspirieren lassen können. Ich stelle Ihnen hier nur ein paar Ideen vor, die beispielsweise einen Kartenabend beleben können, bin aber sicher, daß Ihnen selbst zahlreiche Varianten einfallen werden. Für Spielbegeisterte sind Stickereien mit den Motiven ihrer entsprechenden Lieblingsspiele ein schönes Geschenk. Sie könnten auch Ihre Hobbys in die Kreuzstickerei einbeziehen: vielleicht eine kleine Tasche für Golf-Tees, eine Sammelmappe für Ideen zur Kuchendekoration, Schlüsselanhänger, ein Täschchen für Kreditkarten, ein Briefbeschwerer... Sammeln Sie auch in Geschenkläden und Katalogen Ideen, aber kaufen Sie nichts! Machen Sie es selbst!

'Spielkarten'-Tablett

Für Stickereien sind eigens gefertigte Tabletts mit Aussparungen erhältlich. In ein quadratisches Tablett könnten Sie ein gesticktes Spielbrett als Motiv einarbeiten – zum Beispiel ein Schach- oder Backgammonbrett oder vielleicht sogar ein Scrabblebrett. Wenn Sie aber kein Tablett kaufen möchten, warum legen Sie dann nicht einfach Ihre Stickerei unter die Glasplatte eines Couchtischs?

Endmaße der Stickerei:
16,5 × 24 cm

Material

1 Tablett mit ovaler Aussparung, 26,6 × 18,4 cm
21,6 × 30,5 Aidastoff (56 Fäden/10 cm)
Sticknadel Nr. 24

Anchor Sticktwist (mehrfädig):

- *3 Stränge blau (131)*
- *1 Strang rot (29)*
- *1 Strang schwarz (403)*
- *1 Strang gelb (298)*

Anleitung

Markieren Sie im Zählmuster und auf dem Aidastoff die Mitte. Von dort aus sticken Sie mit drei Fäden in der Nadel das Kreuzstichmotiv fertig. Die Kontur der Karten und des Ovals wird mit geraden Stichen (Rückstich) und gleichfalls drei Fäden in der Nadel in schwarz angelegt. Passen Sie die fertige Stickerei, den Hinweisen des Herstellers folgend, ein.

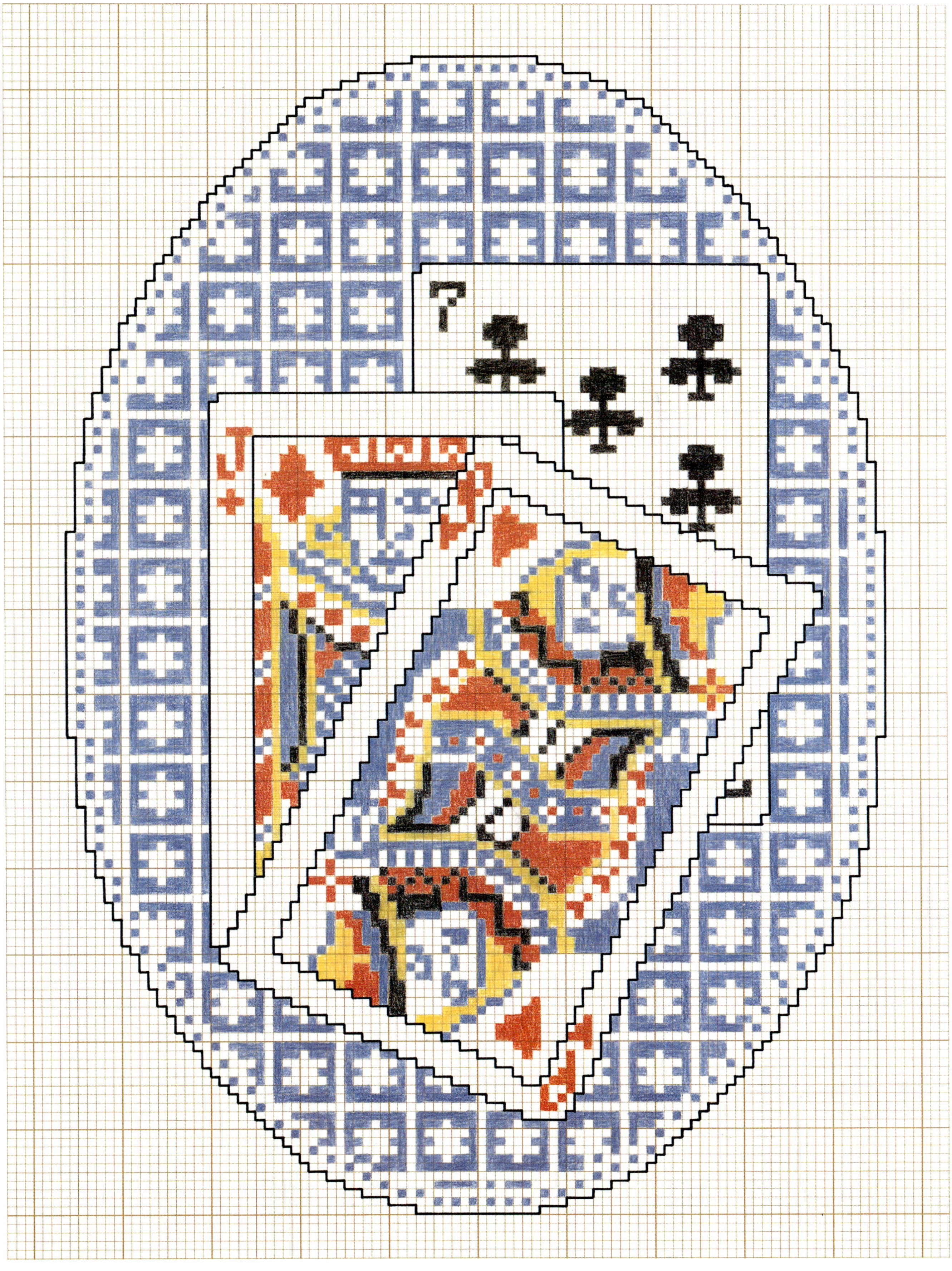

Bridge-Schreibblock

Eine hübsche Idee für einen Bridgeblock-Deckel. Ich habe die fertige Stickerei auf Karton aufgezogen und auf die Vorderseite eines gewöhnlichen Spiralblocks aufgeklebt. Wenn der Block voll ist, ziehen Sie lediglich das Cover ab und kleben es auf den neuen Notizblock auf.

Endmaße der Stickerei:
12 × 17,8 cm

Material

17,8 × 25,4 cm Aidastoff (44 Fäden/10 cm)
1 Spiralblock, 20,5 × 12,7 cm
Karton in der Größe des Notizblockdeckels
Sticknadel Nr. 23
Klebstoff auf Gummibasis

Anchor Sticktwist (mehrfädig):

1 Strang blau (131)
1 Strang gelb (298)
1 Strang rot (29)
1 Strang schwarz (403)

Anleitung

Markieren Sie auf Zählmuster und Aidastoff die Mitte. Von dort aus arbeiten Sie mit vier Fäden in der Nadel die Kreuzstickerei aus. Die Konturen sticken Sie mit geraden Stichen (Rückstich) und drei Garnfäden in der Nadel (siehe Zählmuster). Ziehen Sie die fertige Stickerei mittig auf den Karton auf, und kleben Sie die Ränder des Stramins hinten fest. Die aufgezogene Arbeit wird anschließend direkt auf den Deckel des Blocks geklebt.

'Spielkarten'-Brillenetui

Dieses Brillenetui ist ein Beispiel dafür, wie Sie ein Motiv verkleinern oder vergrößern können, indem Sie einfach die Webdichte des verwendeten Stramins variieren.

Endmaße der Stickerei:
16,5 × 5,7 cm

Material

22,9 × 10 cm Aidastoff (72 Fäden/10 cm)
22,9 × 10 cm abgesteppten Stoff für die Rückseite
10 cm schwarze Borte, 12 mm breit
Sticknadel Nr. 25
schwarzes Nähgarn

Anchor Sticktwist (mehrfädig):

1 Strang blau (131)
1 Strang gelb (298)
1 Strang rot (29)
1 Strang schwarz (403)

Anleitung

Markieren Sie auf Zählmuster und Aidastoff die Mitte. Sticken Sie mit zwei Fäden in der Nadel das Motiv. Heften Sie dann an der Rückseite des Stramins, mit 12 mm Rand um das Motiv, einen Saum ab. Den abgesteppten Stoff legen Sie mit der linken Seite nach oben aus und falten die Kanten hoch, so daß etwa 6 mm Rand um den Aidastoff sichtbar bleiben. Stecken Sie die Stoffteile zusammen, und nähen Sie den Aidastoff am gesteppten Stoff fest. Als Abschluß nähen Sie mit der Hand die Borte an die Oberkante der Stickerei.

'Spielkarten'-Glasuntersetzer

Untersetzer und Briefbeschwerer können Sie eigens für Stickereien vorbereitet kaufen. Wie Sie selbst aus Glas oder Pyrex-Tellerchen Untersetzer basteln, finden Sie in der folgenden Anleitung beschrieben.

Endmaße der Stickereien:
6,3 cm Durchmesser

Anchor Sticktwist (mehrfädig):

- *2 Stränge blau (131)*
- *1 Strang rot (29)*
- *1 Strang schwarz (403)*

Material

4 Glasuntersetzer mit 7,5 cm Durchmesser Standfläche
4 kreisrunde Stücke Karton in der Größe der Standfläche
4 kreisrunde Stücke Filz (selbstklebend), im Durchmesser etwas größer als die Standflächen
4 Stücke Aidastoff (72 Fäden/10 cm), jeweils 10 × 10 cm
Sticknadel Nr. 25
Klebstoff auf Gummibasis
Cutter

Anleitung

Markieren Sie im Zählmuster und auf den Straminquadraten die Mitte. Von dort aus sticken Sie die Motive mit zwei Fäden in der Nadel fertig. Legen Sie die Kartonscheiben jeweils mittig auf eine Stickerei, und schneiden Sie vorsichtig die Kreise aus. Dann ziehen Sie von den selbstklebenden Filzkreisen das Papier ab und kleben den Stramin mit der Stickerei jeweils in der Mitte auf. Mit dem verbleibenden Kleberand befestigen Sie die Kreise an der Unterseite der Tellerchen.

Hinweis: Wenn Sie keine Möglichkeit haben, selbstklebenden Filz zu kaufen, verwenden Sie durchsichtige Acetatfolie mit Klebefläche, die vorwiegend als Schutz für Bucheinbände dient. Befestigen Sie dann in der beschriebenen Weise damit Ihre Stickerei am Untersetzer.

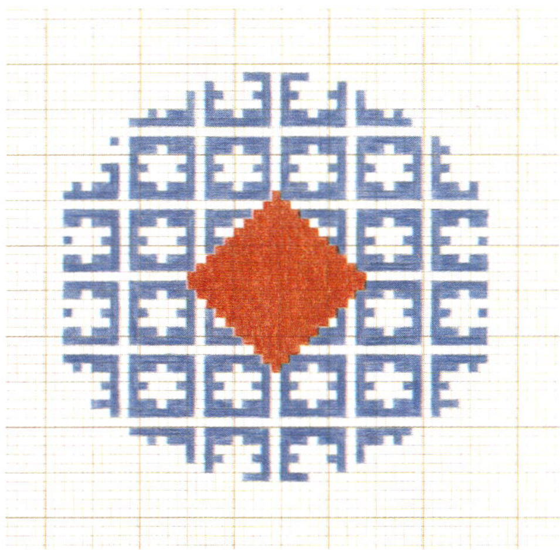

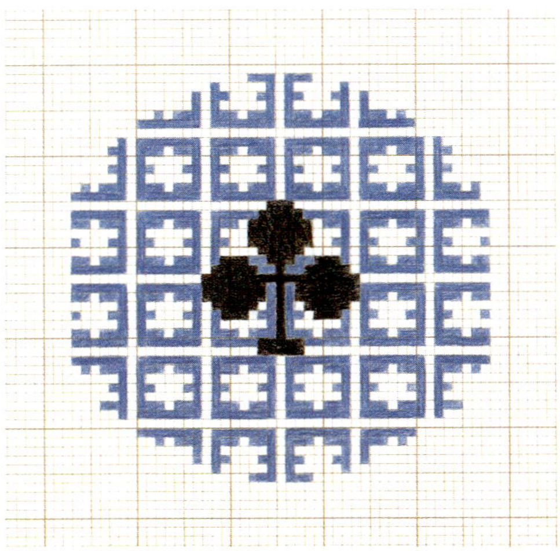

TECHNIKEN

Kreuzstickerei sollte ein entspannender und wohltuender Zeitvertreib sein. Aus diesem Grund ist mir nicht daran gelegen, Ihnen komplizierte Anleitungen zu präsentieren oder Sie mit brillanten Verarbeitungstechniken zu verwirren. Ziel der Übung ist einfach, eine sauber gearbeitete Stickerei fertigzustellen, die keine Unebenheiten und Fehler aufweist, und bei der alle obenliegenden Stiche in derselben Richtung verlaufen. Für alle Projekte in diesem Buch habe ich meinen eigenen Weg beschrieben, die jeweiligen Accessoires fertigzustellen. Es gibt aber stets verschiedene Möglichkeiten, um zum gleichen Ziel zu gelangen, und es spielt wirklich keine Rolle, welchen Weg Sie einschlagen, solange Sie mit dem Ergebnis zufrieden sind.

Das folgende Kapitel führt Sie in die große Bandbreite der Materialien und Techniken ein, mit denen Sie Ihre Arbeit zu etwas Besonderem machen können. Alle Materialien und Hinweise wurden getestet und bilden einen Leitfaden, der Sie zu professionellen Handarbeitsergebnissen führt, auf die Sie stolz sein können.

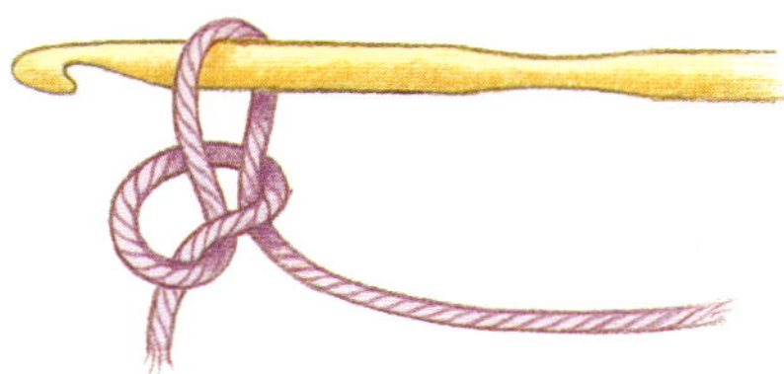

Kleine Stoffkunde

Als erstes müssen Sie entscheiden, welche Art von Stoff Sie besticken wollen. Faktoren, die Sie dabei berücksichtigen müssen, sind Größe und Zweck des Gegenstands, Schwierigkeitsgrad des Musters und das gewünschte Stickgarn. In der folgenden Auflistung finden Sie die für Stickereien üblichen Stoffe, die alle in gutsortierten Handarbeitsgeschäften erhältlich sein dürften.

Spezielle Stramine

Verschiedene Stoffe werden speziell für Kreuzstickerei hergestellt und machen das Sticken erheblich einfacher, weil alle Löcher, in die Sie sticken, genau vorgegeben sind. Sie sind insbesondere für Anfänger hervorragend geeignet. Empfehlen würde ich in dieser Kategorie Aida oder Binca, zwei Markennamen für Korbgewebe, die in zahlreichen Fadendichten (Fäden bzw. Stiche pro 10 cm) erhältlich sind. Dadurch haben Sie die Möglichkeit, sowohl kräftige, auffällige Muster als auch zarte und komplizierte Entwürfe mit relativer Leichtigkeit zu bewältigen. Die gewählte Fadendichte bestimmt sowohl die Größe der fertigen Stickerei als auch die Dicke des Garns, das Sie verwenden können. Je niedriger die Fadendichte, desto weniger Stiche entstehen auf einer Breite von 10 cm. Binca wird hauptsächlich in Schulen verwendet, weil die Fadendichte bei etwa 24 Stichen/10 cm liegt; außerdem wird eine ansprechende Auswahl an hellen, freundlichen Farbtönen geboten. Die Fadendichte von Aidastoffen reicht von 40 bis 72 Stichen/10 cm, und bei der Farbauswahl können Sie auf feiner abgestufte Töne zurückgreifen.

Stramine

Gute Handarbeitsgeschäfte haben eine große Auswahl an Straminen vorrätig. Bei Straminen hat das Gewebe in vertikaler und horizontaler Richtung dieselbe Fadenzahl, was das Zählen der Löcher vereinfacht und damit die gleichbleibende Größe der Stiche gewährleistet. Auch hier wählen Sie den Stramin nach der Anzahl der Stiche pro 10 cm aus, die in diesem Fall davon abhängig ist, über wie viele Fäden die Kreuzstiche jeweils gearbeitet sind.

Zum Beispiel könnten Sie für feine Stickereien einen Stramin mit hoher Fadendichte verwenden und dann jeweils über nur einen oder zwei Fäden sticken; dagegen empfiehlt es sich, für kräftigere Muster einen gröberen Stoff zu wählen und dann die Größe der Stiche durch die Fadenanzahl pro Stich zu bestimmen. Im Buch ist für alle Stickereien die Anzahl der Löcher bzw. Fäden pro 10 cm angegeben. Mit einem Lineal oder Maßband können Sie nachprüfen, welche Fadendichte, also wie viele Fäden pro 10 cm, Ihr Stramin aufweist. Hardanger und Linda sind zwei Beispiele für hübsche Stramine, die in guten Handarbeitsgeschäften erhältlich sind.

Stickleinen

Sie haben hohe Fadendichten und sind daher für sehr feine Stickereien geeignet. Bedenken Sie jedoch vor dem Kauf, daß diese Stoffe teuer sind, und prüfen Sie kritisch Ihr Sehvermögen, die Lichtverhältnisse und die Ihnen zur Verfügung stehende Zeit. Wenn Sie Adleraugen haben und Ihnen endlos viel Zeit zur Verfügung steht, könnten Sie Kreuzstichminiaturen auf Seidengaze anfertigen. Diese ist bereits vorbereitet erhältlich, d.h. auf einen Kartonrahmen aufgezogen. Sticken müssen Sie aber wirklich mit einer Lupe: Essen Sie eine Menge Karotten, bevor Sie damit beginnen!

Plastik-Stickgrund

Ein Neuling unter den Stickmaterialien. Besonders beliebt und reizvoll ist dieses Material für Kinder, da es hohe Stichdichten besitzt und zudem für dreidimensionale Handarbeitsprojekte wie Schachteln und Spielzeug ideal geeignet ist. Zum Sticken sollten Sie eher Wolle als Baumwollgarn verwenden und bedenken, daß der Stickgrund ausreichend bedeckt werden muß. Mit diesem Material zu arbeiten, macht Spaß und bringt rasch Ergebnisse.

Perforiertes Papier

Es ist ein traditioneller Stickgrund, der im viktorianischen England den Höhepunkt seiner Beliebtheit erreichte. Das Material kommt bei Stickerinnen

DAS HANDWERKSZEUG

Wenn Sie zum ersten Mal Kreuzstickereien anfertigen, sollten Sie sich folgendes Arbeitsmaterial zulegen:

- kleine Straminstücke und dichtgewebte Stoffreste (siehe "Kleine Stoffkunde")
- verschiedene Garne
- Nadeln für Stickwolle (mit großem Öhr und spitzem Ende)
- Sticknadeln (mit großem Öhr und stumpfem Ende)
- scharfe Schere
- gröbere Straminstücke
- Stifte (normale und auswaschbare)
- Transparentpapier
- Maßband
- verschiedene Stoffe für die Rückseite
- Polyester-Wattierung
- Bänder und Spitze als Besatz
- Klebstoff auf Gummibasis
- Einfädelschlinge
- Pinzette
- Bastelkleber
- Karton mittlerer Stärke
- verschiedenfarbiges Nähgarn

wieder zunehmend in Mode und wird für Ausschneidemotive (siehe 'Amor und Rosen'-Spiegel) oder für Karten, Lesezeichen und Weihnachtsschmuck benutzt.

Grober Stramin
Dieser wird normalerweise eher mit Gobelin- als mit Kreuzstickerei in Verbindung gebracht, da er ein grobes, steifes Material ist. Die Standard-Gobelin-Stramine bestehen aus einem Gewebe mit einem oder zwei Fäden (einfädiger oder doppelfädiger Stramin). Beide Arten sind in unterschiedlichen Fadendichten verfügbar, und von 40 Fäden/10 cm abwärts sollten Sie eher mit Stickwolle als mit Baumwollgarn arbeiten.

Im Handarbeitsgeschäft
Stramine und Stickleinen werden normalerweise nur als Meterware verkauft. Oft benötigt man aber nur ein kleines Stück, beispielsweise für eine Glückwunschkarte. Manche Geschäfte verkaufen daher Tüten mit Resten, die für solche Zwecke sehr nützlich sein können.

Ihre Wahl
Jede Stoffabteilung verfügt über ein breites Sortiment an Herrlichkeiten, die sich für Stickereien anbieten. Meist sind diese Stoffe jedoch dichtgewebt und zum Zählen ungeeignet. Mit etwas Erfahrung wird es Ihnen gelingen, Baumwollstoffe mit regelmäßigen Mustern, wie z.B. Streifen oder Karos, oder Damaste auszuwählen. Daran können Sie dann die Lage und Richtung Ihrer Stiche und das Stickmuster orientieren. Verwenden Sie keinen Stretch oder gestrickten Stoff – Ihre Stickerei könnte sich zusammenziehen! Auch hier gilt wieder: Dicke und Gewicht der von Ihnen gewählten Stickgarne sind bei der Wahl des Stoffs zu berücksichtigen.

Nichts verschwenden
Mit Straminresten kann auf verschiedensten Materialien gestickt werden, eine herrliche Erfindung! Grundsätzlich wird hierfür eher locker gewebter Stramin in verschiedenen Dichten angeboten. Sie heften die Stücke auf den Stoff, den Sie besticken wollen, und damit verfügen Sie über ein Gitter, das Größe und Lage Ihrer Stiche genauso angibt wie ein Aidastoff. Dann wird wie gewohnt gestickt, und zum Schluß ziehen Sie die Fäden des Stramins mit Hilfe einer Pinzette unter der Stickerei heraus. Wenn Sie alle in vertikaler Richtung laufenden Fäden zuerst entfernen, fallen die horizontalen von selbst heraus. Sollten Sie Probleme haben, die Fäden herauszuziehen, feuchten Sie den Stoff etwas an.

Fädeln Sie ein

In Hinblick auf Qualität, Verfügbarkeit, Farben, Wertigkeit und Dauerhaftigkeit habe ich all meine Entwürfe mit Anchor Stickgarnen ausgearbeitet. Auch wenn ich die Farbnummern genau angegeben habe, wird es der Wirkung Ihrer fertigen Stickerei keinen Abbruch tun, wenn Sie in der Skala eine Nummer nach oben oder unten variieren. Spaltgarne (Sticktwist) sind sehr ergiebig – insbesondere, wenn Sie mit hohen Fadendichten arbeiten –, und so werden Sie bestimmt schon nach kurzer Zeit eine nützliche Kollektion halb verbrauchter Stränge haben, die in spätere Projekte integriert werden können.

Angesichts der großen Palette an verfügbaren Garnen wird Ihre Wahl erheblich zur Individualität Ihrer Stickerei beitragen. Im folgenden biete ich einen kleinen Ausschnitt aus dem Spektrum der Möglichkeiten und überlasse es Ihnen, zu experimentieren, um die unterschiedlichsten Effekte und Glanzlichter zu erzielen. Ein wichtiger Punkt ist allerdings, daß Dicke oder Anzahl der Garnfäden innerhalb eines Motivs nicht variieren sollten. Andernfalls liegen magere und äußerst dicke Kreuze nebeneinander, was optisch nicht besonders reizvoll ist – außer natürlich, Sie möchten eben diese Wirkung erzielen.

Spaltgarne (Sticktwist)
Sie werden in Strängen von 8 m Länge verkauft und enthalten 6 Fäden. Um mit ihnen zu arbeiten, schneiden Sie eine zum Sticken geeignete Länge – etwa 50 cm – ab und spalten die Fäden in diejenige Anzahl auf, die Sie für den betreffenden Stoff verwenden wollen. Natürlich können auch verschiedenfarbige Fäden zusammengestellt werden, wenn sanft schattierte Effekte erzielt werden sollen, und es sind auch bereits gemischte Garne erhältlich.

Stickgarn
Dieses besteht aus einem flachen, nicht merzerisierten Strang, der sich sehr gut in kräftigen Mustern macht. Es ist in zahlreichen Farben erhältlich, staubt allerdings leichter ein als die eher glänzenden Sorten. Dänisches oder deutsches Blumengarn gehören gleichfalls zu den flachen Baumwollgarnen, sind aber feiner. Alle sind als einzelner Faden gesponnen und nicht für Teilung oder Spaltung gedacht. Stickgarne verleihen einer Stickerei eine angenehm weiche Oberfläche.

Seide
Baumwoll-Spaltgarne sind merzerisiert und haben daher einen angenehm seidigen Glanz. Aber die Perfektionisten unter uns sind bestimmt der Meinung, daß nichts dem Original gleichkommt. Seide ist entweder als Strang oder in Form von gezwirbelten Fäden erhältlich. Sie ist teuer und nicht leicht zu verarbeiten, weil die feinen Fasern schon an rauher Haut reißen. Trotzdem – die Wirkung in sehr feinen Arbeiten ist eine ganz besondere ... reservieren Sie die Seide für Ihr Meisterstück.

Perlfaden
Ein einfach-gedrehter, hochglänzender Faden, der in zahlreichen Farben, einschließlich solcher mit Mischschattierungen, erhältlich ist. Zudem können Sie – je nach Stickgrund – aus drei verschiedenen Garnstärken auswählen.

Spezialeffekte
In Ergänzung zum beschriebenen Angebot werden ständig neue Garne, einschließlich der herrlichen Palette an Metallic-Garnen von Kreinik, herausgebracht. Um bestimmten Details Glanz zu verleihen, können diese sehr wirkungsvoll sein. Achten Sie aber auch hier darauf, daß die Fadendicke mit der Ihrer übrigen Garne harmoniert.

Gut durchorganisiert
Wenn es Ihnen auch nur annähernd so geht wie mir, ziehen Sie aus einem Garnstrang immer die falschen losen Enden heraus und haben zum Schluß ein verknotetes Knäuel, das für Ihre Katze die hellste Freude sein wird. Um dies zu vermeiden, ist ein Fadenhefter eine wertvolle Hilfe. Alles, was Sie brauchen, ist ein schmaler Streifen dünner Karton (z.B. eignen sich alte Glückwunschkarten hervorragend) und ein Locher. Entlang der Kanten machen Sie pro Farbe ein Loch und schneiden Ihre Fäden auf die zum Sticken geeignete Länge – 50 cm sind ideal. Die Löcher beschriften Sie mit der jeweiligen Farbnummer und gegebenenfalls auch mit dem entsprechenden Symbol aus Ihrem Zählmuster. Wenn Sie dann die einzelnen Fäden mit Schlaufen in den Löchern befestigen, können Sie sie bei Bedarf leicht herausziehen.

Ein Fadenhefter

Die richtige Nadel
Verwenden Sie für Kreuzstickereien auf gröberem Stramin eine Sticknadel mit stumpfer Spitze. Für Arbeiten mit dem darübergelegten Straminstück benötigen Sie verschiedene Nadeln für Stickwolle mit spitzem Ende und langem, flachem Öhr. Dadurch können Sie mehrere Garnfäden gleichzeitig einfädeln, ohne den Stoff zu beschädigen.

Nadeln sind in verschiedenen Größen erhältlich, und welche Größe Sie benötigen, hängt von der Anzahl der Fäden ab, die Sie für die Stickerei verwenden. Im Buch ist für jedes Projekt die Nummer bzw. Größe der Nadel angegeben, aber als Faustregel gilt: Sie sollten bequem sticken können, und die Nadel sollte leicht durch den Stoff gleiten.

Stickrahmen
Beim Sticken mit speziellen Straminen, wie zum Beispiel mit Aida, halte ich es nicht für erforderlich, einen Stickrahmen zu verwenden. Dagegen benutze ich immer einen für dichtgewebte Stoffe, oder wenn es sich um eine besonders große Stickerei handelt.

Aus der Vielzahl angebotener Stickrahmen ist der Rundrahmen aus zwei konzentrischen Ringen die beliebteste Rahmenart für Kreuzstickereien. Einer der Ringe wird unter den Stoff, der andere darüber gelegt; dann spannen Sie den Stickgrund mit Hilfe einer Stellschraube. Es ist sinnvoll, beide Ringe vorher mit Klebeband abzukleben, damit der Rahmen sich bei feinen Stoffen nicht eindrückt oder sie gar beschädigt.

Andere gebräuchliche Stickrahmen bestehen aus zwei parallelen Rundhölzern mit Webkanten, an denen Sie den Stoff feststecken können. Die Rundhölzer lassen Sie dann oben und unten in senkrechte Leisten einrasten. Um den Stoff straff zu halten, können die Rundhölzer oben oder unten gedreht werden.

Licht an
Eine wunderbare Erfindung moderner Wissenschaft, die ich gar nicht mehr missen möchte, ist die "Tageslichtlampe". Da die meisten von uns tagsüber beschäftigt sind, wird in der Regel an den Abenden gestickt; deshalb sind gute Lichtverhältnisse, insbesondere zum Zählen der Stiche, entscheidend. Tageslichtlampen reduzieren die Anstrengung erheblich und können auch mit passenden Leuchtlupen auf verstellbarem Fuß kombiniert werden, was bequemes und angenehmes Sticken ermöglicht. Zusätzlich können Sie auch einen Ständer für die Zählmuster kaufen und eine Vielzahl an weiterem Zubehör, das dazu beitragen soll, Ihre Arbeit zu unterstützen und ihr das Mühevolle ein wenig zu nehmen.

Zählmuster
Häufig schrecken die Leute vor Stickmustern zurück, dabei muß man nur wissen, daß jedes farbige Quadrat für einen kompletten Stich steht. Die dicken Linien im gerasterten Papier sollen das Zählen vereinfachen, denn zwischen ihnen liegt jeweils ein Block von 10 Stichen (10er-Schema). Mittels der Farblegende werden die Farbnummern der verwendeten Garne angegeben, und so können Sie wirklich nichts mehr falsch machen. Wenn Sie den Eindruck haben, daß Sie mit einem Zählmuster durcheinandergeraten, könnten Sie dieses erst einmal fotokopieren und machen dann bei der Arbeit für jeden erledigten Stich ein Kreuz. Ich sticke lieber Blöcke derselben Farbe als Reihen und habe immer mehrere Nadeln mit den verschiedenfarbigen Fäden zur Hand, so daß ich, wenn nötig, schnell wechseln kann.

Bestimmen der Maße
Für fast alle Projekte im Buch habe ich die Endmaße der fertigen Stickerei angegeben, die Sie erhalten, wenn Sie mit dem von mir empfohlenen Stickgrund arbeiten. Es ist aber auch nicht schwer, die Größe des Motivs durch eine andere Fadendichte des Stoffs zu verändern. Um die Größe Ihrer Stickerei zu bestimmen, gibt es

eine einfache Regel. Dazu nehmen wir als Beispiel das 'Spielkarten'-Tablett. Zuerst zählen Sie im Muster die Anzahl der Stiche an der breitesten Stelle – hier sind es 92. Genauso verfahren Sie in vertikaler Richtung – hier sind es 134. Wollen Sie nun beispielsweise auf 112-fädigem Stramin jeweils über zwei Fäden sticken, müssen Sie nur die Fadenzahl halbieren, um zu wissen, wie viele Stiche pro 10 cm Sie anlegen können – bei 112-fädigem Fein-Aida hieße das also 56. Teilen Sie nun die im Zählmuster gezählte Stichzahl Ihres Motivs durch die Anzahl der Stiche pro 10 cm, also in der Breite 92 : 56 = 1,64 und in der Höhe 134 : 56 = 2,39. Um die Endmaße Ihrer Stickerei in cm zu erhalten, müssen Sie diese auf 10 cm bezogenen Ergebnisse wieder mit 10 multiplizieren. Das Ergebnis: 16,4 × 23,9 cm. Falls Sie nur über einen Faden des Aida sticken, wird die Fadenzahl zu Beginn nicht halbiert: Faden- und Stichzahl sind in diesem Fall identisch.

Berücksichtigen Sie bei der Berechnung der benötigten Stoffmenge stets an allen Seiten einen mindestens 2,5 cm breiten Rand, damit Sie einen Saum nähen oder – bei einem Bild – die Stickerei aufziehen können.

Möchten Sie das Stickmuster selbst vergrößern, arbeiten Sie am besten mit einem gezeichneten Raster. Zuerst pausen Sie den Umriß Ihres Musters durch und legen ein quadratisches Raster darüber. Zeichnen Sie ein zweites Raster in der gewünschten Größe auf Transparentpapier und übertragen das Muster Quadrat für Quadrat. Dann legen Sie die vergrößerte Version über kariertes Papier und tragen die Symbole für die Stiche und Umrisse des Stickmusters ein. Die gleiche Methode wenden Sie an, wenn Sie Stoff- oder Porzellanmuster kopieren.

Als Zählmuster sind auch durchsichtige Acetatfolien erhältlich, die Sie über jedes Motiv legen können, das als Kreuzstichmuster angelegt werden soll; Sie müssen nur noch die Symbole eintragen. Als weitere Methode der Vergrößerung können Sie Ihr Motiv auch fotokopieren; dann bestimmen Sie eine neue Rastergröße und zeichnen die gewünschten Symbole ein.

Noch ein dritte Variante: Bilden Sie aus jedem Quadrat oder Symbol im Zählmuster einen neuen Block aus vier Stichen; dadurch wird die Größe des Motivs verdoppelt. Beim Sticken wird es aber notwendig sein, die Kanten hier und da durch das Weglassen oder Hinzufügen von einigen Stichen abzurunden.

Übertragen von Stickmustern

Wenn Sie bei dicht gewebten Stoffen nicht mit dem aufgebrachten Straminstück arbeiten wollen, können Sie das Muster auch mit einem auswaschbaren Stift (Handarbeitsgeschäft) und Transparentpapier übertragen. Machen Sie zunächst eine Probe mit einem einzelnen Kreuz auf dem Transparentpapier. Legen Sie dieses mit der Schriftseite nach unten auf den Stoff, und bügeln Sie warm (nicht zu heiß!) darüber. Nimmt der Stoff die Farbe an, können Sie das ganze Muster aufzeichnen und wie beschrieben auf Ihren Stickgrund übertragen. Die Stifte sind in verschiedenen Farben erhältlich, so daß Sie das Motiv auch in der entsprechenden Farbgebung aufzeichnen und mit dem Bügeleisen auf den Stoff übertragen können.

Zentrieren der Motive

Das ganze Buch hindurch finden Sie den Hinweis auf die Stoffmitte, die es zu bestimmen gilt, bevor Sie zu sticken beginnen. Hierfür gibt es verschiedene Methoden. Bei Aidastoff können Sie in horizontaler und vertikaler Richtung die Löcher zählen und dann die Anzahl halbieren, um die Mitte zu finden. Oder Sie nehmen mit dem Maßband die Maße ab und halbieren diese. Als dritte Möglichkeit könnten Sie den Stoff in beiden Richtungen zusammenfalten und so den Mittelpunkt markieren. Wenn Sie die Mitte bei einem Stramin suchen, dessen Webkante an einer Seite breiter ist als an der anderen, nehmen Sie die verbleibende Fläche ohne Webkanten als Grundlage.

Kreuzstich auf einfädigem Stramin

Kreuzstich auf gröberem Stramin (Aida)

Beim Zählmuster halbieren Sie die Anzahl der in beiden Richtungen gezählten Stiche. Wenn im Mittelpunkt kein Stich liegt, zählen Sie den nächsten benachbarten aus und beginnen, an der entsprechenden Stelle im Stoff zu sticken. Eventuell könnten Sie als Hilfe das Mittelkreuz mit Stecknadeln abstecken. Gestickt wird immer von der Mitte aus, außer die Anleitung enthält einen anderslautenden Hinweis.

Vorsichtsmaßnahmen

Bevor Sie Ihre Stickerei beginnen, sollten Sie unbedingt folgende Punkte überprüfen, um mögliche Unglücke zu verhindern:

1 Ihre Hände sind makellos sauber und riechen nicht nach Knoblauch. Sie werden sie immer wieder einmal waschen müssen, weil Stoff und Garne sehr schnell Schmutz annehmen.

2 Die Tee- oder Kaffeetasse befindet sich in sicherem Abstand zu Ihrem Arbeitsplatz, und auch der herrliche Schokoladenkuchen mit dem klebrigen Zuckerguß steht nicht in verführerischer Nähe.

3 Ihre Haustiere wurden angewiesen, sich nicht auf Ihre(n) Schoß/Schulter/Kopf zu setzen und haben gelernt, sich die Pfoten abzuwischen, wenn sie vom Garten hereinkommen und an Ihnen hochklettern wollen.

4 Ihre Kinder malen woanders.

5 Niemand bzw. nichts in Ihrer Umgebung "haart".

Das Sticken

Erinnern Sie sich an die erste und wichtigste Kreuzstichregel: Alle obenliegenden Stiche zeigen in dieselbe Richtung. Das kann entweder dadurch erreicht werden, daß Sie zuerst in die eine Richtung eine Reihe mit allen untenliegenden Stichen anlegen und dann in entgegengesetzter Richtung zurücksticken. Oder Sie sticken jedes Kreuz einzeln. Beide Methoden sind absolut gleichwertig, für welche Sie sich aber entscheiden, sollte jeweils davon abhängen, wie viele Stiche vor einem Farbwechsel in einer Reihe liegen. Sie können in beliebiger Richtung arbeiten, lediglich die Anzahl der Fäden, über die Sie arbeiten, muß immer gleichbleiben. Die Zeichnungen links zeigen einen Kreuzstich, der über zwei Fäden eines dichtgewebten einfädigen Stickgrunds gearbeitet ist, sowie einen Stich auf Stramin (Aida). Praktisch ist es auch, vorher die verschiedenfarbigen Fäden in mehrere Nadeln einzufädeln. Benutzen Sie eine Einfädelschlinge als Hilfe – das spart Zeit und schont die Augen.

Für die Mehrheit der im Buch vorgestellten Stickereien müssen Sie nur den Kreuzstich beherrschen. Bei zwei oder drei Mustern benötigen Sie jedoch zusätzliche Sticharten. Mit "geraden Stichen" sind hier kleine, in Reihe gesetzte Rückstiche gemeint, von derselben Größe wie ein halber Kreuzstich. Der Schrägstich ist die erste Hälfte eines Kreuzstichs, d.h.: der zweite, in entgegengesetzter Richtung darübergelegte Stich entfällt. Für die 'Muschel'-Schminktasche auf S. 80 habe ich auch mit Sternstich gearbeitet.

Dehnen

Keine der hier gezeigten Stickereien mußte nachträglich in Form gebracht werden. Sollte trotzdem einmal die Form leicht verzerrt sein, legen Sie die Arbeit mit der Vorderseite auf Karton, den Sie mit sauberem Papier oder einem Tuch abdecken. Dann ziehen Sie die Stickerei in die gewünschte Form, wobei Sie in Abständen von etwa 2,5 cm Stecknadeln am Rand befestigen. Befeuchten Sie das Stoffstück mit einem sauberen Schwamm oder besprühen Sie es. Trocknen lassen.

Rahmen

Aufgrund des weichen und geschmeidigen Stickgrunds von Kreuzstickereien ist das Rahmen der Motive in der Regel recht einfach. Die Stickerei wird auf einem Stück festem Karton in Form gebracht und mit Klebstoff auf Gummibasis in der richtigen Position festgeklebt. Alternativ können Sie auch mit festem Bindfaden

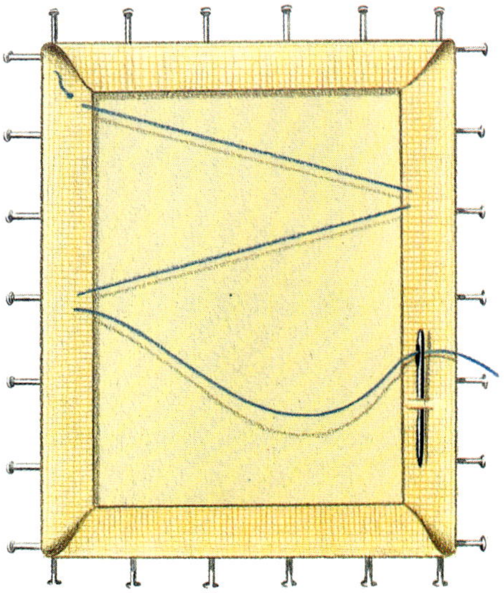

Zum Rahmen legen Sie die Kreuzstickerei auf ein Stück festen Karton und befestigen sie ringsherum mit Stecknadeln im Abstand von etwa 2,5 cm. Dann kleben Sie die überstehenden Ränder fest oder verschnüren sie zickzackartig mit Bindfaden, wie hier gezeigt.

ANLEITUNG FÜR EINE HÄKELKETTE

1 Bilden Sie eine Schlaufe.

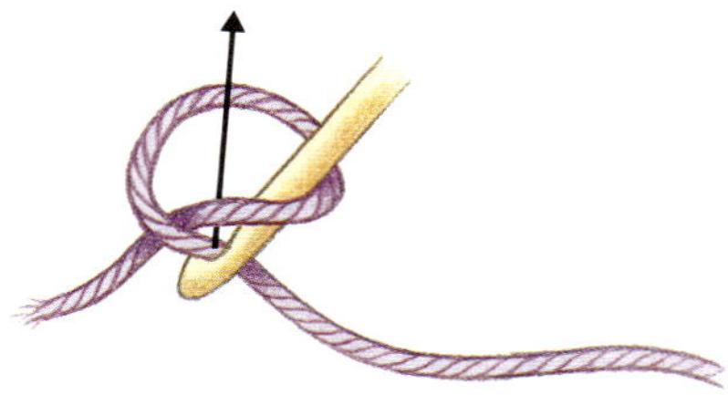

2 Ziehen Sie das Garn durch die Schlaufe.

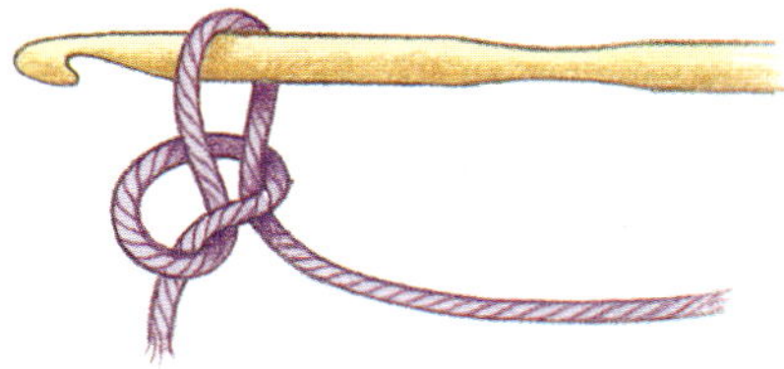

3 Ziehen Sie die Schlinge zum Knoten zusammen.

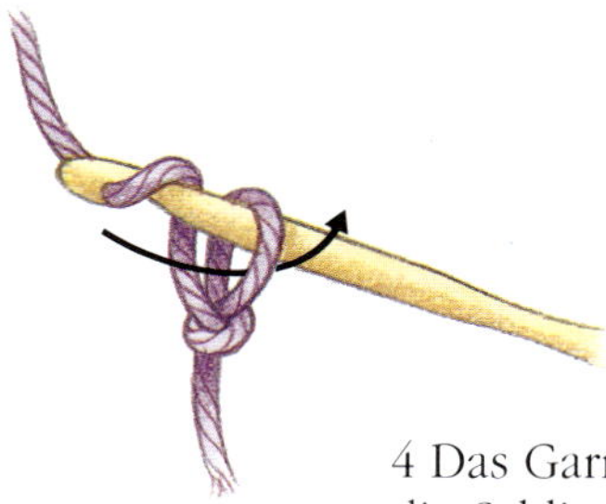

4 Das Garn aufnehmen und durch die Schlinge ziehen.

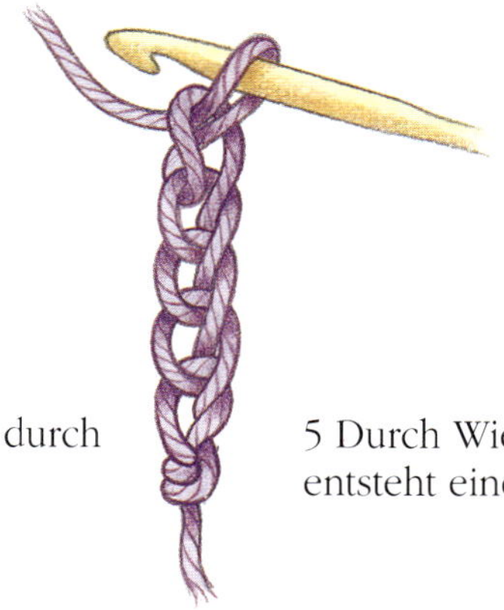

5 Durch Wiederholung entsteht eine Kette.

zickzackartig die Ränder verschnüren, bis die Stickerei straff sitzt (siehe Zeichnung unten).

Vorher jedoch müssen Sie die Arbeit genau in der Mitte des Kartons plazieren. Dann stecken Sie das Ganze mit Nadeln fest, wobei Sie mit den Ecken beginnen und anschließend den gesamten Rand im Abstand von 2,5 cm abstecken. So können Sie sicher sein, daß das Motiv nicht verrutscht oder verzogen wird. In den Rahmen können Sie nach Ihren Vorstellungen noch ein dekoratives Passepartout setzen. Stickereien, die als Bucheinband oder zum Überziehen von Mappen verwendet werden sollen, können noch während des Stickens in Form gezogen werden. Der Karton zum Aufziehen von Stickereien sollte säurefrei sein damit die Arbeit auch für zukünftige Generationen ihren guten Zustand bewahrt.

Einfassungen

Ich hoffe, dieses Buch eröffnet Ihnen eine Menge neuer Verwendungsmöglichkeiten für Ihre Kreuzstickarbeiten. Da Bastler bekanntlich von Natur aus Sammler sind, gehe ich davon aus, daß auch Sie einen Korb oder eine Schachtel mit Stoffresten und Accessoires besitzen werden. Was immer Ihnen in den Sinn kommt, kann als Einfassung oder Verzierung Ihrer Stickerei verwendet werden. Achten Sie jedoch auf das Gewicht des ausgewählten Materials im Verhältnis zum Stoff der Stickerei. Ich habe für einige Projekte Kordeln oder gehäkelte Ketten als Einfassungen oder Verschlüsse verwendet.

Eine Kordel stellen Sie her, indem Sie mehrere Garnfäden zusammenlegen und ein Ende um einen festen Gegenstand knüpfen. Dann drehen Sie den Faden so lange, bis er straff ist. Halten Sie das gezwirnte Teilstück fest, und lösen Sie das verknotete Ende. Wenn Sie nun beide Enden aufeinanderlegen, dreht sich der Faden in sich selbst zu einer doppelten Kordel zusammen. Dann verknoten Sie beide Enden.

Die Anleitung für eine Häkelkette entnehmen Sie den fünf Schritt-für-Schritt-Zeichnungen oben auf dieser Seite.

Pflege

Trotz aller Vorsicht ereignen sich doch immer wieder einmal kleine Unfälle. Wenn Sie jedoch die empfohlenen Garne benutzt haben, dürfte der Schaden leicht zu beheben sein. Bevor Sie eine Stickerei waschen, sollten Sie stets die Farbechtheit von Garnen und Stoffen testen. Beachten Sie hierzu auch die Hinweise des Herstellers. Garne von Anchor stehen im Ruf, farbecht zu sein, und können bei 30°C in der Maschine gewaschen werden. Allerdings müssen auch stets die Eigenschaften des Stoffs berücksichtigt werden. Grundsätzlich sollten Sie keine Bleichmittel oder biologische Waschmittel verwenden und Stickarbeiten nicht im Trockner trocknen.

Beim Bügeln legen Sie die Stickerei mit dem Motiv auf ein flauschiges Handtuch und dämpfen es von der Rückseite mit einem feuchten Tuch oder dem Dampfbügeleisen. So vermeiden Sie, daß die Stickerei in Mitleidenschaft gezogen wird.

Coats Mez

444 mal – Anchor Sticktwist zur Wahl

Entdecken Sie Anchor Sticktwist! Für wertvolle, farbenprächtige Handarbeiten. 444 wunderschöne Farben mit seidig schimmerndem Glanz setzen Ihrer Phantasie keine Grenzen. Das hochwertige Stickgarn aus reiner Baumwolle, mercerisiert, ist sechsfädig und kann leicht geteilt werden.

Anchor Sticktwist ist international bekannt und wird weltweit in Zeitschriften und Handarbeitsbüchern empfohlen. Neue Stickideen, attraktive Modelle und viele Anregungen finden Sie auch in unseren INTERMEZZO-Heften, die der Fachhandel für Sie bereithält. Sticken macht Spaß. Mit Anchor Sticktwist.

1, 2, 275, 386, 300, 301, 302, 303, 304, 292, 293, 295, 297, 298, 288, 289, 290, 291, 305, 306, 307, 308, 309, 310, 891, 890, 901, 311, 313, 314, 316, 323, 324, 326, 328, 329, 330, 332, 333, 334, 335, 46, 9046, 47, 35, 19, 20, 22, 6, 8, 9, 10, 11, 13, 271, 23, 24, 25, 26, 27, 28, 29

33, 31, 38, 39, 778, 4146, 868, 914, 880, 881, 882, 883, 884, 9575, 5975, 336, 337, 338, 339, 340, 341, 48, 49, 50, 52, 54, 40, 41, 42, 43, 44, 45, 55, 57, 59, 60, 62, 63, 73, 74, 75, 76, 77, 78, 65, 968, 969, 970, 972, 892, 893, 894, 895, 896, 897, 36, 66, 68, 69, 70, 72, 85

86, 87, 88, 89, 103, 90, 92, 94, 95, 96, 97, 98, 99, 100, 101, 869, 870, 871, 872, 873, 342, 108, 109, 110, 111, 112, 102, 117, 118, 119, 175, 176, 177, 178, 939, 940, 941, 136, 137, 139, 120, 121, 122, 123, 140, 142, 143, 128, 129, 130, 131, 132, 133, 134, 144, 145, 146, 147, 148, 149, 150, 127, 152

975, 976, 977, 978, 979, 158, 9159, 159, 160, 161, 162, 164, 343, 920, 921, 922, 847, 274, 848, 849, 850, 779, 851, 900, 8581, 273, 433, 410, 928, 167, 168, 169, 170, 185, 186, 187, 188, 189, 206, 208, 209, 210, 211, 212, 213, 214, 215, 216, 217, 218, 683, 875, 876, 877, 878, 879, 203, 204, 205, 230, 225, 226

227, 228, 229, 923, 240, 241, 242, 243, 244, 245, 246, 259, 260, 261, 262, 263, 253, 254, 255, 256, 257, 258, 238, 239, 264, 265, 266, 267, 268, 269, 858, 859, 860, 861, 862, 842, 843, 844, 845, 846, 681, 956, 945, 856, 278, 279, 280, 281, 924, 852, 853, 854, 855, 885, 886, 887, 888, 906, 942, 943, 944, 874

907, 277, 372, 373, 374, 375, 361, 362, 363, 365, 347, 349, 351, 352, 355, 357, 276, 366, 367, 368, 369, 370, 371, 358, 359, 360, 380, 381, 382, 933, 376, 378, 379, 936, 926, 387, 388, 390, 391, 392, 393, 830, 831, 832, 898, 889, 899, 903, 905, 231, 232, 233, 401, 397, 234, 398, 399, 235, 400, 236, 403

1001, 1002, 1003, 1004, 1005, 1006, 1007, 1008, 1009, 1010, 1011, 1012, 1013, 1014, 1015, 1016, 1017, 1018, 1019, 1020, 1021, 1022, 1023, 1024, 1025, 1026, 1027, 1028, 1029, 1030, 1031, 1032, 1033, 1034, 1035, 1036, 1037, 1038, 1039, 1040, 1041, 1042, 1043, 1044, 1045, 1046, 1047, 1048, 1049, 1050

1217, 1243, 1219, 1220, 1202, 1203, 1204, 1206, 1200, 1201, 1207, 1209, 1208, 1212, 1211, 1210, 1213, 1214, 1215, 1216, 1218, 1223

95 P

Mögliche Farbabweichungen sind drucktechnisch bedingt. Originalfarbenkarte Nr. 444 erhalten Sie im Fachhandel.

Made by Coats Mez

Danksagungen

Die Autorin möchte eigentlich alle unten aufgeführten Personen mit Luxus-Kreuzfahrten, diamantenbesetzten Tiaren sowie Kisten voller Champagner und Kaviar verwöhnen. Da sie sich jedoch derzeit gezwungen sieht, seit längerer Zeit bestehenden Verpflichtungen nachzukommen (Füttern von Katzen, Hühnern und einem Pudel), hofft sie, daß ihr aufrichtiger Dank genügen wird.

Für hervorragende und beinahe endlose Stickarbeit, die dieses Buch möglich gemacht hat:
Coral Gibson
Carolyn Palmer
Anne Peterson
Valerie Clark
Freda Brown und
Audrey Bonnaud

Dafür, daß sie Stickereien in reizvolle Accessoires verwandelt hat:
Jeanette Hall

Für ihre wunderbaren Fotos, mit denen sie sich wieder einmal selbst übertroffen hat:
Di Lewis

Dafür, mich vor Nervenzusammenbrüchen bewahrt zu haben:
meinen Lektorinnen
Jane Donovan und
Jane Struthers

Für Ermunterung und Unterstützung:
Carey Smith und
Colin Gower

Für ihre Hilfe und Freundschaft:
Pat Groves und
Lydia Darbyshire

Der Verlag bedankt sich für die zu den Fotoarbeiten zur Verfügung gestellten Objekte bei:
Ray Coggins Antiques, Westbury, Wiltshire
David Plagerson, Totnes, Devon
Fosse Farmhouse, Nettleford bei Chippenham, Wiltshire

Register

Konvertierungstabelle

Anchor	DMC	Anchor	DMC	Anchor	DMC	Anchor	DMC	Anchor	DMC
1	*weiß (blanc)*	85	*3609*	205	*912*	295	*727*	667	*841*
		89	*718*	227	*701*	298	*725*	681	*730*
10	*351*	97	*553*	229	*699*	304	*741*	843	*3053*
13	*817*	99	*552*	231	*453*	305	*743*	849	*3752*
19	*326*	101	*550*	233	*451*	326	*900*	861	*3051*
23	*963*	109	*210*	234	*762*	330	*3340*	868	*3779*
24	*776*	117	*341*	235	*414*	334	*606*	892	*225*
25	*3708*	118	*340*	255	*907*	335	*606*	893	*224*
26	*894*	119	*333*	256	*906*	362	*437*	894	*223*
27	*893*	128	*800*	258	*905*	374	*841*	895	*223*
28	*892*	130	*809*	265	*3348*	386	*746*	903	*611*
29	*891*	131	*798*	266	*3347*	397	*762*	925	*970*
54	*956*	159	*827*	279	*834*	398	*415*	928	*3761*
55	*604*	167	*519*	291	*444*	403	*310*	936	*632*
57	*602*	168	*518*	292	*3078*	410	*995*	Kreinik	-
77	*3687*	203	*954*	293	*727*	4146	*754*	Silber	